新视界

始于未知　去往浩瀚

市县投资

于智超 著

下沉区域经济发展与投资逻辑

上海远东出版社

图书在版编目（CIP）数据

市县投资：下沉区域经济发展与投资逻辑 / 于智超著. —上海：上海远东出版社，2023
（投资新视界丛书）
ISBN 978-7-5476-1962-9

Ⅰ.①市… Ⅱ.①于… Ⅲ.①县级经济－区域经济发展－研究－中国②县级经济－区域经济－投资管理－研究－中国 Ⅳ.①F127②F832.48

中国国家版本馆 CIP 数据核字（2023）第 224277 号

出 品 人　曹　建
责任编辑　季苏云
封面设计　徐羽心

投资新视界丛书

市县投资：下沉区域经济发展与投资逻辑

于智超　著

出　　版　上海遠東出版社
　　　　　　（201101　上海市闵行区号景路 159 弄 C 座）
发　　行　上海人民出版社发行中心
印　　刷　上海颛辉印刷厂有限公司
开　　本　890×1240　1/32
印　　张　9.125
插　　页　1
字　　数　172,000
版　　次　2024 年 1 月第 1 版
印　　次　2025 年 1 月第 8 次印刷
ISBN　978-7-5476-1962-9/F·723
定　　价　68.00 元

序　一

在中国经济的大舞台上，市县经济发展不仅是一个重要的组成部分，更是一个不可忽视的关键角色。这些市县分布在广袤的国土上，既是国家宏观经济政策的忠实执行者，也是地方经济增长的主要驱动力。它们承载着国家的发展期望，同时也是实现地方经济繁荣的关键所在。

随着我国经济从高速增长转向高质量发展的新常态，市县经济也随之面临着前所未有的机遇和挑战。这些机遇包含了技术创新、产业升级、绿色发展等方面，而挑战则涉及产业结构调整、环境保护、人才短缺等问题。在当下的关键节点上，如何既能把握住机遇，又能妥善应对挑战，进而实现高质量、可持续的发展，无疑是每一个县域经济工作者面前的重大课题。

在国家经济的大格局中，每一个市县都有其独特的资源和优势，包括自然资源、人文历史和产业基础。只有充分挖掘和利用这些资源和优势，市县才能在激烈的竞争中脱颖而出，实现自身的快速发展。

市县经济发展在中国经济的大舞台上扮演着至关重要的角色。只有深入思考、明确定位、加强合作，市县才能在新的历史节点上实现高质量的发展，为全国经济的繁荣作出更大的贡献。

市县还需要加强与外部的交流与合作。在全球化的背景下，市县不仅要与国内的其他地区进行合作，还要积极开展国际交流，引进先进的技术和管理经验，提升自身的竞争力。同时，市县还要加强与企业、高校、研究机构等各方的合作，形成一个多方参与、共同发展的良好局面。

《市县投资：下沉区域经济发展与投资逻辑》这本书，正是为了回答这个问题而写的。作者凭借其行业背景和实践经验，为我们揭示了市县经济发展的内在逻辑和投资策略。

书中对市县经济的治理结构进行了深入的剖析。在经济全球化的背景下，中央与地方的关系变得愈发复杂。市县政府作为中央政策的执行者，如何在中央与地方的博弈中找到自己的位置，实现自身的发展，是一个亟待解决的问题。而作者通过对"中央发展一盘棋与招商挖墙脚的'零和博弈'"的深入分析，为我们提供了一个全新的视角。这种分析不仅涉及政策层面，还涉及实际的经济活动和市场机制，为我们展示了市县经济发展的复杂性和多样性。

书中对市县财政与投资模式进行了详细的探讨。在房地产增长动力消弭后,市县如何寻找新的增长点,如何调整产业结构,实现经济的转型升级,是每一个市县都面临的挑战。而作者通过对财政收入、GDP、官员的KPI等关键指标的分析,为我们揭示了市县经济发展的内在逻辑。这一部分不仅对市县的经济模式进行了深入的探讨,还为我们展示了如何通过投资和财政政策来推动市县的经济发展。

同时,书中对新能源与绿色经济的投资机遇进行了深入的思考。在全球气候变化的背景下,绿色经济已经成为未来的发展趋势。而市县经济作为国家经济的基础,如何把握这一机遇,实现绿色转型,是一个值得深入研究的话题。作者通过对"双碳"目标、风光新能源、电网侧投资等热点问题的分析,为我们提供了宝贵的投资建议。这一部分不仅为我们展示了新能源和绿色经济的发展趋势,还为我们提供了如何通过投资来实现绿色转型的具体策略。

此外,作者深刻分析了"新三农"投资空间和人工智能的新农村投资这两个主题,为我们打开了一个全新的视角。农村经济的发展,不仅关系到国家的粮食安全,还关系到农民的生活水平和幸福感。作者通过对现代农业、农村电商、乡村振兴等热点问题的深入分析,为我们展示了农村经济的巨大潜力和投资机会。这一部分不仅揭示了农村经济的发展趋势,还为我们提供了如何通过投资来实现农村经济的高质量发展的具体策略。

最后,书中对市县企业与股权投资进行了详细的解读。在资本市场的背景下,如何为市县企业寻找合适的投资机会,如何实现企业的快速增长,是每一个投资者都关心的问题。而作者通过对募资、投资、股权结构等关键问题的分析,为我们提供了宝贵的投资策略。这一部分不仅为我们展示了市县企业的发展趋势,还为我们提供了如何通过股权投资来实现市县企业的高质量发展的具体策略。

县域投资,是未来投资方向的重中之重。它不仅为我们提供了理论指导,更是为我们指明了实践的方向。本书从宏观和微观视角对市县经济和投资策略作了深度解读,具有很高的参考价值。我相信,新形势下,每一个市县都能找到属于自己的发展之路,实现真正的高质量发展。

张子豪

FOFWEEKLY 创始合伙人兼 CEO

杉域资本创始合伙人

序　二

我们常常被祖国国土的辽阔和地理环境的多样所震撼。是的，中国版图涵盖了多个省份、市县，1 300多个县和近400个县级市星罗棋布，加上市属区域，共计2 800多个县级行政区。每个地方都有自己独特的历史、文化和风貌。市县环境各异，有的地处平原，有的坐落在山区，有的甚至位于沙漠边缘。这种地理的多样性为中国的文化和经济发展增添了丰富的色彩。

胡焕庸线是一条地理上的著名界线，它从东到西横穿了整个中国。这条线的意义在于，它揭示了中国人口分布的不均衡现象。胡焕庸线以东地区的人口密度极高，而以西地区的人口密度则相对较低。这不仅体现了地理环境对人类生活的影响，也反映了中国历史和社会发展的痕迹。此外，生态分布和资源差异也是市县环境差异的重要因素。在一些地方，自然环境优美，资源丰富，如东部沿海地区；而在其他地方，生态环境较为恶劣，资源相对匮乏，如西部内陆地区。这种差异使得各个市县在经济发展、生活方式和居民的生活质量上都有所不同。

地理环境的多样性不仅赋予中国丰富多彩的文化和源远流长的历史，也使得中国的各个地方有着独特的魅力和潜力。在未来的发展中，我们应该珍视并利用这种多样性，推动中国的全面、均衡和可持续发展。

毫无疑问，在经济全球化的背景下，高质量发展已成为我国新时代经济发展的主题词和关键词，市县经济高质量发展也必然成为共同富裕的基础和焦点问题。在这个背景下，于智超先生的新书《市县投资：下沉区域经济发展与投资逻辑》的出版，无疑将为推动区域经济发展和投资逻辑的深入探讨，提供有益的理论支持和实践指导。

下沉市场从来不是一片荒芜。相反，它是一片充满生机和各种可能的土壤。就像那些不起眼的小镇和乡村，很多都有着自己独特的魅力和价值。而经济发展的微观目标，就是去开发这些隐藏在表面之下的宝藏。

2023年初，于智超加盟了唐山金弘基金并出任董事长兼总裁。这本书，就是他在探索下沉市场具体实践过程中的心得和体验。他深入多个市县，一方面通过项目导入助力地方经济发展；另一方面，也通过观察市县的资源条件和经济环境，更多地从务实角度去理解市县的投资逻辑。在此过程中，他既发现了许多有趣的现象，也遇到了许多困难和挑战。

于智超先生在这本书中，凭借其深入的实践探索和丰富的专业经验，对市县级的区域经济发展进行了深入剖析。他通过大量的案例分析和实证研究，提出了具有针对性的投资策略和解决方案，极具参考价值；同时，着重强调了政府、企业和投资者之间的合作关系，这种合作不仅有利于推动经济的发展，还有助于实现社会的和谐与稳定。这本书的亮点还在于，它不仅从宏观的角度分析了市县经济发展的现状，更从微观的角度以具体的案例阐述了市县经济发展的特点和问题。这本书通过独特的视角，将理论与实践相结合，为读者揭示了市县投资的重要性和必要性。

这个世界上没有无用的东西，只有放错地方的东西。这本书通过分析下沉市场的投资机会和风险，帮助读者理解这个市场的特点和规律，还分享了一些成功的投资案例，帮助更多的人更好地把握下沉市场的投资机会。

市县下沉市场，是一个充满机遇与挑战的领域。对于许多投资者来说，这不仅是一个挖掘潜力的战场，更是一次对传统思维的颠覆。投资下沉市场需要勇气，也需要智慧。这需要我们敢于挑战现状，敢于尝试新的方法和策略；需要我们敏锐洞察，深度理解市场；需要我们具备专业的知识和经验；需要我们用心去理解、去探索、去实践。

市县下沉市场，不仅是一个地域上的投资概念，更是一个充满活力和可能性的经济世界。在这个世界里，每一个开创者都有机会成为引领者。现在，是时候挥别过去的思维方式，拥抱这个充满无限可能的未来；是时候勇敢地踏入这片尚未被完全开发的热土，去寻找那些隐藏在挑战背后的机遇。

未来，就在那里等你。机会总是留给做好准备的人。我相信，这本书的出版，将对很多人了解我国的市县区域经济发展产生积极的作用。希望这本书能给读者带来启示和帮助，让您在投资下沉市场的道路上更加明智和自信。

张喜芳

清华大学五道口金融学院业界导师、硕士生导师

复旦大学、中央财经大学校外硕士生导师

北京市社会发展与环境健康研究会（美丽中国健康

中国论坛秘书处）执行副会长

前　言

市县作为我国有较大决策权力的行政区域，在区域内庞杂的行业和人员并存的现实情况下，完成产业结构的建链、补链、延链、强链是非常迫切的需要。各个岗位的官员都有KPI考核需求，什么职位的官员决定了需要做多大事情并且承担多大的责任。

市县招商引资已经成为考核所有行政官员的加分项，还有不同程度的招商引资奖励。在中央八项规定的约束下，很多官员已经意识到要通过本地的吸引力和自身的人脉资源招商引资，而不是通过权力寻租来套利，削弱公众对政府决策的信任。多思多想多做会成为引导市县官员真正能够实现社会效益和经济效益双丰收的举措，并非所谓的"躺平""不作为"，尸位素餐害人害己，社会主义社会不需要有类似的蠹虫式官员。

笔者曾在央企、地方国企、超大型股权基金、民营大型上市公司工作，在工作期间接触过大批的准独角兽、独角兽企业的实际控制人，以及大批通过资本手段收购上市公司的资本精英，也与投资圈子里面的各类合伙人、董事、总经理经常交流学习，发现真正能够落地的项目除了在"北上广深"之外，市县里还有很多深藏不露的隐形独角兽企业。很多企业虽然贵为当地的产业龙头，但是由于行业的原因并不想上市，有的实际控制人的理由是不想上市后稀释股权被资本和中小股东"绑架"；有的老板是想闷声发财，不愿意接受监管机构的限制和约束，不想把企业的一切公开在市场面前；有的企业确实经营现金流旺盛，不需要股权和债权融资，小日子过得非常滋润。

这里讲的市县投资并非一定要通过股权的形式来让地方国资完成财务收益考核，更多的是从区域发展的角度来论证，通过政府订单、政策、资金、税收优惠、人才奖励、产业引导等各种方式来投资产业，一拖二，二拖三，传帮带形成产业集群，带动人才和企业集中过来，变成足以辐射周边的产业体系。这样不只是为了让产业成为城市的名片，更多的是为了产生"税源"，让暂时被土地财政瓶颈困住的财政收入"缓一口气"，在不竭泽而渔、杀鸡取卵的基础上，扶植当地企业成长，吸引外地企业落户。

中国体制内可谓人才济济，说找不到头绪是假的。市县官员们投资赚钱不一定在行，但是判断市县对招引企业的投入产出比是非常精明的，"好钢要花在刀刃上"，短中长期效益如何对得起市县对某个或者数个企业的投资，显得尤为重要。

行文仓促，论述不当之处在所难免，有些观点也恐失之偏颇，恭请大家批评指正。

于智超

2024 年 1 月于北京

目 录

序一 001
序二 001
前言 001

第一章 市县经济发展与治理结构 001
  中央发展一盘棋与招商挖墙脚的"零和博弈" 003
  房地产增长动力消弭后的补坑增税必修课 009
  市县统筹是"有计划的市场经济" 014
  县强区强，市依然是有短板的木桶 019

第二章 市县财政与投资模式 025
  财政收入和 GDP 哪个更能诠释官员的 KPI 027
  高质量经济发展必须要有"野路子" 035
  产业结构升级转型要思"前"想"后" 041
  投后管理还得靠当地市场 046

第三章　市县投资新理念　053

　　选 "性感" 的行业作为多元化发展的招牌　055

　　科技产业园大行其道的逻辑　060

　　加大力度培养官员的股权投资意识　065

　　市场化产业引导基金团队真的好使吗？　070

第四章　"新三农" 投资空间　077

　　现代农业是投资的绝佳土壤　079

　　农村不是不毛之地，村村都有属于自己的机遇　084

　　农民富裕才能实现共同富裕　089

　　村超、村 BA 带来的乡村振兴机遇　094

第五章　市县新能源与绿色经济投资机遇　101

　　"双碳" 带来的能源管理投资热潮　103

　　风光新能源建设指标成市县手中最后一张筹码　109

　　电网侧的储能场景值得投资　116

　　用户侧让绿色经济完美闭环　122

　　氢能带来的又一个新业态　128

第六章　市县商业和房地产投资　135

　　总部经济是商流兴盛的新源头　137

　　城市更新是房地产和城投企业复苏的新机遇　143

教育是亘古不变的投资赛道	148
脑机接口来了,医疗的智能化离不开市县	153
银发经济是危机中的转机	158
养老院需不需要商业模式?	163

第七章　人工智能的新农村投资　　169

人工智能全天候时代造就超越美国的可能	171
新能源是农村投资第二个接力棒	176
乡村振兴离不开直播带货	181
中医药材产品是健康行业的投资热点	187

第八章　市县投资新赛道　　193

商业航天离市县并不远	195
漫长的供应链驱动第一、第二、第三产业全线协同	200
机器人大踏步走向市县企业	205
数字经济呈现几何倍数增长趋势	211

第九章　市县企业与股权投资　　217

募资深挖市县,投资放眼全球	219
遇到好企业下重注,好眼光靠的是专业素养	224
投贷联动是原则,股债结合最靠谱	230
让第一批接触股权投资的人先富起来	235

第十章　高质量发展的市县投资实践　　241

　　投资并购上市公司成为新常态　　243
　　预制菜是一条不可多得的投资新赛道　　249
　　创意引领，同样赋能地方特色经济　　257
　　走差异化投资之路，落适配度高的产业　　262

附录　　268
后记　　273

第一章

市县经济发展与治理结构

招商引资已然是国内地方政府最"卷"的行当，南方靠实力和无微不至的服务吸引北方的企业总部搬迁；北方也不遑多让，靠着人情和大市场来吸引南方公司设立北方总部，辐射华北、东北。

　　原来旱涝保收的土地财政已经被重视企业的"税源财政"取代，在短时间内很难改变，对于有较大决策权的市县政府而言，可以针对某些行业独立制定扶持政策，类似国家对光伏、风电等优势设备进行补贴，先帮助企业壮大并占领市场。"前人栽树，后人乘凉"，当官一任，不只是统筹市县区域发展，更是为了造福一方，打造当地更好的经济基础。

中央发展一盘棋与招商挖墙脚的"零和博弈"

招商引资,一个无比沉重又让人兴奋的话题。

2023年,国务院印发《关于进一步优化外商投资环境 加大吸引外商投资力度的意见》,提出六方面二十四条政策措施,包括提高利用外资质量、保障外商投资企业国民待遇、持续加强外商投资保护、提高投资运营便利化水平、加大财税支持力度、完善外商投资促进方式等措施。国家的招商引资政策可以作为市县招商引资的模板,上行下效结合地方特点对国内外企业进行招引,吸收投资。

国家也在招商引资,各市县政府当然更不能闲下来。"内卷"业已成为最近几年最流行的一个词语,全国行政区划内、全行业都呈现出内卷的新形势。国家发展原来靠计划经济，后来走出了一条有中国特色的社会主义市场经济道路，在没有中央统筹的行情下，各地政府官员们也都在为了自己的 KPI 而奋斗。

市县主政官员的 KPI 里面包括但不限于 GDP 增长速度、就业率、税费、维稳、违建、环保等各项指标，不一而足，由行政长官下派给了旗下各部委办局来执行，各自有各自的指标，自上而下地传达任务，遵照执行，完不成就要"打板子"。板子打到谁身上，谁就要在岗位上原地踏步走，如果多次考核不合格，就要换到其他需要他的岗位上去，而不是到他想要的岗位上去。在考核不合格的上级被撤职之前，一定也会让他的下级没好果子吃，如此层层传导下来，大家的压力都变得巨大。

中央政府对下属地方政府官员的考核指标也并非没有章法、乱定一气，其不但要考虑到各地的经济总量历史沿革，更要考虑到临时发生的洪水、雪灾等不可抗力的不利影响，结合各地官员平时的尽职尽责表现、品德表现等，按照权重比例进行综合评分，以此为基础决定官员的升迁和惩处。做官如逆水行舟，不进则退，想要在积极作为的中央政府面前混日子，难度越来越大。群众的眼睛是雪亮的，不作为的官员等来的只能是各种匿名或实名的群众举报，这类举报也有可能来自明辨是非的同侪们。原来常说的"多做多错，少做少错，不做不错"已经很少被提及了，现在说的最多的是高质量发展，人民群众的利益至上，那就需要将官员"作为"的习惯与人民日益增长的精神和物质需求匹配完备，相应地，官员可能会因此官运亨通。

不管中央政府下的这盘棋是不是有理有据，对于市县主政官员来说，既然有了考核指标，那就需要完成，被动还是主动并不重要，找到解决考核问题的方法最重要，招商引资无疑是解决问题最卓有成效且最实际的一种。

招商引资如火如荼也有时代的原因。目前，房地产已经处于被调整得喘不过气来的状态，属于正在"人工呼吸"恢复出厂设置的阶段，财政收入来源被断掉很大一块之后，大批的公务人员一时半会儿找不到能够为经济续命的办法，招商引资的功效凸显出来了。能够招引来大批的税源企业，增加的不只是GDP，还有企业的产值税收和当地的就业率，进而带动商流、人流、物流、财流的活跃，人潮汹涌的新生力量会极大地刺激消费，衣、食、住、行等日常消费活跃起来后，人们的焦虑感得到缓解，自然就会有婚恋市场的加速回暖，由此引发的连锁效应不言而喻。现在，政府最怕的是"四不青年"——"不谈恋爱、不结婚、不生孩子、不买房子"，他们一定不会在惬意轻松的营商环境下出现。2023年山东淄博为什么能够通过烧烤火出圈，让网友们直呼要在淄博买房子、生孩子、找工作，这其中政通人和营造的良好营商环境氛围才是最大的奥秘。

招商引资的内卷无非表现在几个方面的"攀比"：税收优惠政策、人才吸引政策、办公地点支持政策、基金投资政策等。税收优惠就是所谓的"三免两减半"，也就是三年内的企业留存当地部分所得税全部返还，后续两年减半征收，这项政策原来是"五免五减半"，后来各地政府发现执行起来比较困难：一是财政收入无法长期支撑返还政策；二是政府官员更迭会带来后任官员不理前任账的现象，这种行为也可以被看作是不可抗力，谁也左右不了，完全看主政官员"命运的齿轮是不是在转动"。人才吸引政策各地不尽相同，诸如落户给住房补贴数十万，或者给五年租房补贴每月万余元，然后高管个人所得税五年内全部返还，很多是类似于香港优才计划，不管有没有香港的命，先把香港的优良传统学过来。办公地点就比较简单了，可以代建标准化厂房，免租2—5年，后续租金减半收取，产业园区"四地落白"，拎包入住；还可以根据个性化需要进行调整和定制，然后给配上无处不在的物业服务，无微不至的三方律师、会计师等服务。基金投资政策在安徽合肥和"北上广深"的孵化器宣传引导下，早就已经深入各地政府官员的心中，孵化器基金也基本成了标配。想创业只有人不行，必须要找到愿意从无到有、从小到大陪伴成长的资金，政府将这种基金美其名曰"招商基金"，势必要把优秀的团队拉拢到当地，不断培养成自己的"亲儿子"，避免成长壮大后的外地企业只来设立一个子公司，也就是所谓的"干儿子"。

除了初创企业之外，到处"挖墙脚"期待企业注册地迁址的市县政府比比皆是，原来是从"北上广深"大城市"挖墙脚"，现在随着大城市也开始重视税源企业，大城市内部从一个区搬到另外一个区都受到了限制，更别提搬离到别的城市了。各地绞尽脑汁花钱花力气把一个企业折腾到自己的行政区划中来，满足官员们的KPI需求。从中央的角度来算总账，其实没有增量出现，都是存量的转移，消耗的还是各地政府的人力、物力、财力，也就是所谓的"零和博弈"①，没有出现双赢甚至多赢的局面，造成了社会资源的急剧浪费。原来说计划经济一管就死，市场经济一放就乱，现在却成了招商引资的代名词。

现阶段，到处"抢企业"的现象还是存在的，在经济形势不明朗的情况下更是愈演愈烈。打破零和博弈，实现非零和博弈才是中央政府应该协调达成的功效，可以从以下几个方面来调节：

一是限制对企业注册地的无序竞争，鼓励对业务增长有需求的企业在各地设立子公司，比如华北总部、西南总部等，既给当地引入优质企业的先进技术和应用，又把相应的税收留在当地，增加就业率，提升消费水平。

---

① 零和博弈：又称零和游戏，与非零和博弈相对，是博弈论的一个概念，属非合作博弈。它是指参与博弈的各方，在严格竞争下，一方的收益必然意味着另一方的损失，博弈各方的收益和损失相加总和永远为零，故双方不存在合作的可能。

二是鼓励初创企业自由选择落地，这是对资本意识开放区域的激励，也是对未开放区域的鞭策。初创企业落地需谨慎选择当地配套，资源和市场成为落地首选项。

三是从中央层面给各地均分划拨充裕的创业引导基金，并推行尽职免责容错机制①。鼓励地方对优秀团队的无条件支持，刺激当地政府的创新意识觉醒，接受更适应当地产业匹配度的创新创业企业落地。

四是对在西南、西北等区域创业的企业，给予未来上市前的绿色通道，并鼓励成长期、成熟期企业在落后地区落地，在发达城市设立"飞地"②，满足研发、销售人才需求，做到两地帮扶、双赢成长。

地方的全面规划需要中央的指导，招商引资作为地方政府重要的职责，也应该在正向的引导下，满足地方主政官员 KPI 完成的同时，对整个国家的经济增长产生积极的影响，而不是做大自

---

① 尽职免责容错机制：鉴于初创企业具有高成长性、高风险性、高失败率的特点，在政府引导基金及子基金的基金管理人在投资初创企业的运营管理中，项目未能实现预期目标或出现偏差失误，符合规定的情形如(1)因国家政策调整或政府决策部署变化工作未达预期效果；(2)因不可抗力发生亏损；(3)发生市场（经营）风险，因先行先试而出现失误或未达到预期效果；(4)基金绩效按照整个生命周期予以评定，单个子基金或所投个别项目造成投资亏损等，给予引导基金及子基金管理人及其投资决策、投资实施人员免责或从轻、减轻定责，不作负向评价，督促其及时整改和纠错纠偏。
② 飞地：一种特殊的人文地理现象，指隶属于某一行政区管辖但不与本区毗连的土地。如果某一行政主体拥有一块飞地，那么它无法取道自己的行政区域到达该地，只能"飞"过其他行政主体的属地，才能到达自己的飞地。

然的搬运工，牺牲环境，浪费资源，作出超出当地负荷条件的决策，由此可以在一定程度上避免招商引资的过度"内卷"。

房地产增长动力消弭后的补坑增税必修课

房地产的红红火火仿佛就在眼前，现在已经是明日黄花，想当年各地到处都有揽活做工程的人——做总包的央企国企建筑公司，做分包的民营、国有工程公司，还有不成体系只是作坊的包工头们。不管是市政工程还是基建工程，房地产装修也遍地都是，挂靠的是谁的资质不清楚，一级二级三级、园林建筑等各种证书一应俱全，反正口头禅就是"兄弟，放心，交给我，到手都能干得好"。然而，地产盛世已经成为过眼云烟。

房地产作为国民经济第一支柱产业，给地方带来的好处是数不胜数的。细细看来，卖地帮助市县政府解决了一次性完成大笔财政收入问题，有了钱也就解决了公务员及事业单位的人吃马喂，不会出现需要协调工资出处的情况。企业买了地就需要买螺纹钢、混凝土、砂石等建材，带动了建材城的火爆，大批做基础建设工程的包工头开始游走于建筑商之间，开土石方都是暴利的生意。"八通一平"后，土地一级开发带动二级开发，银行的资金强势介入之后，很快就把放贷额度喂饱。有知名房地产公司的背书，还能有抵押率不算高的房地产抵押作为保障，将风险降到最低。开始预售房的时候，银行再度出手，为买房者提供了按揭贷款，再次喂饱银行内部不同的部门；消费者拿到房子需要装修了，家具城又促进了各种木材、塑料、钢铁大宗贸易市场的流动性，大批资金的流入且反复使用，让钱的周转速度变快了，周转率上升了，房子在个人消费者那里所体现出来的价值自然就得到了提升。

众所周知，开发房地产除了跟市县领导要熟悉，更要跟市县各部委办局人员做朋友，"多条朋友多条路，多个仇人多堵墙"，人情练达即文章，找不到甲方的乙方不是好乙方。礼品和消费市场也因此被打开"潘多拉魔盒"，商家赚了钱再跑回来买房子。如此兜兜转转，整个消费市场多层次、多维度被全方位打开了，房地产作为"引子"变成了促进经济腾飞的翅膀。

正因为房地产作为支柱产业的重要性，土地和参与其中的所有公司都成为推动当地经济发展的源泉。在土地资源比较轻易沦为"权力寻租"的工具，太多人因为"原罪"发家致富之后，豪宅、香车、美女成为当时并不正确的"三观"，这无疑也成为阻挠社会良性发展的"拦路虎"。这些地产相关人员有一部分已经在囹圄之中，或者已经出走国外，原始积累的完成快速高效，史无前例，也后无来者。

中央政府一直在提倡"房住不炒",通过房贷利率调节、提高首付比例、非本市人口房屋限购等多种方式对购房者进行限制,又通过银行对坏账率控制、房地产再融资控制、房企上市公司再融资禁止等方式对开发商加强管控力度,希望尽快把房地产扳回到良性发展的道路上来。可惜动手晚了,曾经宽松的贷款政策让大批地产商囤积了土地,开发商无序扩张,导致政策颁布后其"拆东墙补西墙",不仅存留大批无法开发的土地,更留下了很多烂尾楼。这样无形中制造了社会矛盾,增加了维稳难度,社会上开始有一批人变得戾气横生。

也有好事者提出拯救房地产的"良策":只需要在水泥里面滴上一滴茅台,盖的房子就叫做"茅房",必然引来无数人哄抢,房地产行业必将迎来第二春,当然这都是玩笑话。众所周知,房地产带来的冲击是极为巨大的。如前所述,开发商自己都活不下去了,更别说去花钱拿地,政府的财政收入受到了极大的负面影响,然后开始接续传导到钢材等建材行业,建材价格一跌再跌,不断刷新新低纪录,装修行业也是一片哀鸿。物流行业更是出现了重卡类保险盈利的前所未有的怪现象,重卡类保险本就是国家补贴扶持交通运输行业的险种,司机们出现超载、疲劳驾驶、剐蹭等是必然现象,亏损是十几年以来出现此险种之后的常态。这种险种开始盈利恰恰说明作为物流主力军的重卡行业已经有大批车不再上路了,所以才有可能不出现事故。

不过，还是要纠正一个观念，很多人认为房地产彻底不行了，我们不妨来看看 2022 年的数据，拿地的企业以央企为主，开发的企业总包也是以央企为主，工地从 2023 年年初开始一直没停过。虽然拿地的价格降低了，数量下降了，但并不妨碍在清理整顿的同时，有新生力量冒出来。原有的龙湖等地产企业已经断臂求生，恒大、融创也在积极解决遗留问题。政策都已经出来了，市场的认可度还是不够。2023 年 9 月 1 日各地的"认房不认贷"政策纷纷发布，二套房贷首付的下降让改善型住房市场变得更有吸引力，迅速又带火了一波房地产市场，让多年未见的"金九银十"再度成为热点。

幸运的是，虽然土地财政难以为继，但公务员还没有面临失业的问题，只在局部出现了暂停发放奖金、工资的现象，可惜的是各个行业的从业人员，尤其是建筑公司的农民工，已经面临无活儿可干，又不甘心回老家种地的尴尬境地。在这种情况下，节流是必然选择，工资多少已经不是最重要的了，能不能发工资，有没有工作才是很多人亟待解决的问题。劳动者如果失去了劳动的权利，也就同时失去了养家糊口的能力，开启坐吃山空、坐吃等死的模式，未来也就不会有未来了。

节流的同时一定要开源。最终，财政收入的来源由土地转向企业，"恶法非法"，急于找出路的个别地方政府开始杀鸡取卵，不断要求企业预缴税款，甚至连续预缴三年的税款，限制了企业本身业务的发展，更是把企业曾经的正向现金流变成了负现金流，活生生地逼停了无数家企业，形成了税收的恶性循环。

开源的方式出现了问题，自然就需要纠正。来不及为发不出工资悲伤的市县政府，在挽救存量企业于水火之后，挖潜已经不是解决问题的办法，需要尽快发掘出新的财政收入增长点，吸引人才来创业，来增加规模以上企业数量，这些都需要成本。这不只是政策制定成本，还有政府服务成本，同时还有支持创业要投入的资金成本。市县政府只有完成服务意识、资本意识、赋能意识的"三连跳"，才有可能让存量、增量齐升，吸引更多的人才和企业落地入驻，这就是所谓良好的营商环境形成过程。

市县政府需要重点培养 To C 的企业，必须要重视的是供应链的完善程度，更可以给予品牌营销方面的支持；而扶持 To B 的企业，就要把好质量关，在客户渠道上帮助企业下功夫，重点把政府、军队、大型企业作为其下游客户介绍和支持。市县政府做的工作不只是把企业扶上马，更要送一程，要让企业具备可持续经营能力，自身修炼内功是一方面，要不断造血，让企业产生血管、肌肉、骨骼，这样才能有生命力；在外部环境和助力上，也要用公权力帮助企业找到能够给资金、渠道等各方面输血，避免企业存在毕其功于一役的错误想法，要坚持将可持续经营作为让企业不断成长的营养助剂。

据统计，中国民营企业的生命周期平均低于两年，如果单纯靠自己野蛮生长，可能都不能找到属于适合自身成长的路径，需要有政策的引导才能让优质企业在行业中脱颖而出，竞争对手不光是本地对手，还要面向全国甚至全球。《孙子兵法》有云："求其上，得其中；求其中，得其下；求其下，必败。"让企业登高望远，市县的执政者首先要有格局，敢于让企业强大起来，这样才能完成双赢布局，让企业反哺，成为长久的财政收入第一原动力。

市县统筹是"有计划的市场经济"

市里能拿出来平衡县区发展的筹码并不多，重点包括招商引资进来的企业调度权、国家部委拨款的资金发放权、人事升迁的组织任命权，也就所谓的人、财、物，都能够在一定程度上决定县区在下一年的考核完成情况。作为行政级别更高一层的政府，市里有更灵活的招商引资决策权，加上行政区划人口和财政收入的支撑，自然就能对大型、超大型企业甚至世界500强企业有更强的吸引力。正因如此，市里也成为上级爱护和支持下级的抓手，这几项抓手是协调下级人际关系、查缺补漏平衡各区域经济的有效手段。

市县统筹发展依托的是各地不同的经济特色，也是以行政区划的位置、资源、产业优势为出发点，做好产业结构转型升级和多元化产业布局。

以河北省唐山市为例，该市作为近代工业的摇篮，号称"北方工业第一城"，唐山大地震后的废墟中重新建立起来的重工业城市迅速崛起，GDP一直处于河北之巅。2022年度，唐山第二产业在三大产业中占比超过55%，高端制造业是城市的核心产业，同时还有吞吐量排名全国第一、全球第二的港口，智慧物流产业和重卡保有量在国内名列前茅，有煤矿、铁矿等资源型产业，还有应急装备、绿色建材、海洋生物、绿色化工、机器人等战略新兴产业。结合唐山的产业结构，有极大的工业优势和坚实的产业基础，在京津冀一体化的政策支持下，将自动驾驶、换电重卡、氢燃电池重卡、高端制造业等诸多硬科技企业落地唐山是相关领域企业的优先选择。

京津冀一体化是国家的重要战略，也是长三角、珠三角经济区之外在北方大力发展的经济区域规划，基于地理优势，京唐城际铁路的开通为唐山争取京津的产业落地提供了便利。河北唐山作为北京高端制造业等产业外溢的优先选择，通过承接工厂建设、加强人才供给、提供资源支持等方式，以基金引导、政策支持、产业赋能三个方面相辅相成，缺一不可。未来将持续引入京津相关产业集群，落地具备各种特色的区县。比如，唐山路南区的航空航天产业园可以落地商业航天领域的科技企业，互联网产业园可以落地数字经济、网络安全企业。剩下的就是政府给予企业法人主体和股东、高管、骨干们的人才扶持和税收返还政策。当然，如前面所说，这在全国各地已经形成通用手段。

再比如，唐山遵化市因有古温泉，一度成为北京的后花园，康养产业发达，重工业之花旁边有一抹温柔的绿色养老建筑群，虽然没有重工业的财政收入加持，但也蹚出了借助地理优势自身发展的特色之路。甚至清东陵也开始接纳来自北京人口的丧葬业务，按照传统风水的学说，此处也是百年之后极佳的栖身之所。唐山市通过京津冀一体化战略的重要推进，可以让工业基础良好孕育的唐山企业走出去，利用北京、天津的高校优势和直辖市优势，在北京及天津寻求科技研发与合作，建立研发中心、销售中心并将业务辐射全国，大大增强企业的品牌影响力和业务推广能力。

举例说明的目的是为了启发主政官员对本身工作的认可，依托自身的行政区划本身就是一个抓手。假如在历史形成的主产业链上，附加上科技含量，变传统产业为高效能、高效益的科技产业，那就是转型升级成功的表现。市对县区的整体调节不代表县区领导就甩手不管，只唯上提升不了主观能动性，还需要自我驱动，挖掘当地的产业潜力，结合层出不穷的新行业，发展属于自己的主产业。

消费行业带来的转变往往是很随意的，抓住这样的机遇怎么准备也未必能成行，以点带面的事件也会屡屡发生。比如现在年轻人之间极为流行的茶饮企业，在大家已经把果粒作为习以为常的饮用习惯时，预制菜里面的分支预制果品就可能成为下一个风口。咖啡和茶饮一直是资本市场追捧的宠儿，包括瑞幸联名茅台推出酱香型拿铁，五粮液配上蜜雪冰城，泸州老窖与奈雪的茶也推出了两款饮料。然而，由于工作人员和场地面积限制，大多数茶饮店不会配置剥去果皮制造果粒的员工，星巴克更是只有寥寥几名能够制作咖啡的员工，原材料一律都是由总部统一配发。加盟店众多的茶饮企业，加盟费和料包费用构成了收入的主要部分。通过催熟的芒果果粒和葡萄、提子果粒料包，可以大大减少管理费用和人员成本，提升出餐的效率，统一标准化的制果品工艺也可以保证客户稳定的体验感，留住客户，实现收益最大化。盛产芒果的广东，盛产葡萄、提子的唐山、青岛和独家盛产牛油果的云南普洱，都将成为新兴茶饮产业不可或缺的供应地，应运而生的就是果品的中央厨房，冷链物流和仓储顺理成章形成了新的盈利增长点。

世界上唯一不变的就是变化本身。市里在考虑县区平衡发展的同时，无意之间的产业爆发点也会让市里开启计划经济模式，比如上述葡萄、提子在唐山只有 5 万亩的种植量，牛油果在云南普洱只有 10 万亩的种植体量，供需关系带来的转变要求其他土地从别的经济作物转型到葡萄、提子或者牛油果，市县联动开始新一轮的计划经济，要求农户做好应对措施。作为第一产业，市县政府要给予更多保障，比如采购方必须要有确定的购销合同，市县金融机构、城投公司或者供应链公司要给予采购方成本较低的供应链资金，物流和仓储也要跟得上采购方出货的速度和频率，以保障下游茶饮公司的稳定性。笔者称这种全流程服务为"有计划的市场经济"，即在市场的推动下，市县政府通过行政命令和鼓励倡导，有计划地为市场化企业提供可持续的服务。这种做法不偏不倚，又有所侧重，扶持这个时点最让当地经济振奋的企业，这是无可厚非的。

　　资本追捧的企业自然有资本的道理，首先，此类企业的现金流好，可以称之为"现金奶牛"；其次，市场天花板高，消费产业作为十万亿级产业，饮料行业作为万亿级市场，都是极高的天花板，且头部企业非常分散，有百家企业分割市场，降低上市的可能性；再次，茶饮企业 To C，客户的黏性和门店的开设速度、数量都可能成为压倒同行业竞争对手市场占有率的那根稻草；最后，瑞幸在美国上市、奈雪的茶登陆港交所，都能助力资本兴奋，相应产业链上的头部企业必然成为资本传导的方向，资金涌入的速度可能只是一刹那间，追捧过后就是不断给予投后赋能，帮助其解决市场、资金、人才等棘手问题。

　　资本一旦介入也就意味着市县有针对性地对企业计划的设

计有了安全垫，资本出钱，企业出力，市县可以出资源和服务，也可以由城投公司对其进行投资，如此配合得当的话，举一市之力是很有可能把一家这样的企业做上市的，最终前期的所有投资人都可以通过二级市场变现退出。做企业就像做菜，下锅的菜不可能一次性准备妥当，但菜和佐料都下到锅里，只要厨师不出大纰漏，这盘菜还是能够端上交易所的桌子的，剩下的就是机构和散户来吃的环节了，爱吃那就市值上涨，不爱吃大不了退市了事或者成为"僵尸股"。

市县做计划进行协调和平衡，本身就是牵一发而动全身的系统性工程，哪个环节出现问题都可能让整个产业链出现不稳定，导致客户体验感的缺失，最终把新兴的产业葬送在摇篮里。企业要做到听党的话，跟政府走，按照市场经济规律办事，这才是保障产业落地和迅速发展的路子。

县强区强，市依然是有短板的木桶

1994年，中央政府开始推行以分税制为主要内容的财税改革，中央政府将税收体制变为生产性的税收体制，通过征收增值税，将75%的增值税收归中央，而地方获得25%的收益。基于责权利相当的原则,中央政府负责国防、外交、转移支付、战略性开发等预算开支,而地方政府则负责提供养老、住房、教育、医疗等公共服务。在当前的政治体制下,相对而言,县的地域小,人口少,留存税收少,经济能力普遍较弱,对于很多突发的事件靠自身无法解决,需要市级乃至省级的帮助,比如重大生产项目的资金和资源支持、自然灾害的救援、重大疫情的防控、恶性刑事案件的侦破等,这是上级政府的职责和义务。正因为职责和义务方面,市里承担了更多的职能,也意味着花钱的地方比县区更多,需要协调的关系比县区更复杂,付出的成本也更高。

2023年的中央一号文件明确指出,要"完善县乡村产业空间布局,提升县城产业承载和配套服务功能,增强重点镇集聚功能",中央提出了大批支持县域经济[①]发展的政策后,县域经济让区县成为拉通城市和农村的走廊,一方面承担着乡村振兴的重任,另一方面承担着政令上传下达和夯实落地的职责,也就代表了权力和权利扮演着双向奔赴的角色。

随着大批的县被纳入市级管理的区规划范畴,市级政府便可以统一协调区县的发展,但也有大批的区县被"虹吸效应"

---

① 县域经济,是指以县城为中心、乡镇为纽带、农村为腹地的一种行政区划型经济,是"以工补农、以城带乡"接口桥梁,是典型的区域经济、特色经济、个性经济、差异经济。

影响巨大，财政收入不高、需要市里支持的区县自然就矮了一截，借市里的钱来发工资体现最明显的就是吃人嘴短、拿人手软。而市里需要向其借钱的区县腰杆子硬也是正常的，钱是男人的腰杆子，也是区县领导的腰杆子。由此可见，行政自主权与财政收入是有一定正向匹配度的。现实存在的状况是：虽然县区都是归市里管，但是市财政未必比县区财政日子好过，现在依然有地级市还需要向财政状况好的区县借钱，用于发工资和开展大项目。

县强市弱的地方在国内有不少，浙江金华除了金华火腿被网络"吃货"们熟知，其余的都比不上辖区内四个县级市：义乌、东阳、永康、兰溪；同样是浙江的嘉兴，下辖的海宁、平湖、嘉善、桐乡、海盐也都是百强县；福建泉州的名气和GDP也比不上辖区内的晋江、石狮。这几个市的地理位置得天独厚，县域经济含金量高，民营经济占主导地位，跟地方主政官员思路开放有关，更与沿海城市居民的思想观念有关。码头文化带来的外来物质和精神的冲击，让大批当地人意识到改革开放带来的是脱贫致富的机会，机会来临时，放手一搏成为地方快速发展的重要砝码。

区县的日子好过，还借助注册地优势。毕竟，企业落地注册一定要在适合的区县，区县了解掌握着企业发展的第一手资料，可以从金融、物业、教育、医疗等各个方面为企业法人和员工提供相应的服务，借此加快提升政府工作的综合能力，也能够留存更多的企业所得税。深圳粤海街道的上市公司扎堆就是最好的例子，街道的钱比区里的钱都多。粤海街道位于南山区中部，因地处粤海之滨的粤海门村而得名，20.99平方千米的"弹丸之地"，坐拥百余家上市公司，腾讯、迈瑞医疗、大族激光等知名企业都在粤海街道，撑起了南山区GDP的半壁江山。

县区辖区内的一家优质企业，尤其是国有大型企业能够带动整个区的经济活力和消费水平。以中国石油化工集团有限公司（以下简称"中石化"）为例，山东胜利油田作为中石化的重点企业，兴建了大批国家重点工程、省重点工程、公益工程，催生了新兴石油城市——东营市。胜利油田每年实现的企业增加值及上缴税费，在山东省特别是东营市经济构成中占有很大比重，为区域经济社会发展作出了重要贡献。毫不夸张地说，东营大批的石油化工企业群都是因为胜利油田的崛起而萌芽、成长、壮大。也正因为如此，胜利油田的员工收入比东营市县公务员的收入要高出一大截，胜利油田总公司所在的东营市东营区也成为人均消费水平居高不下的区。

县强市弱就需要市里转变工作思路，加大对市区的扶持和建设力度，吸引人才和企业落地落户，要在提升营商环境和基础设施上下功夫，在注册地优惠上下功夫，发展总部经济，通过市政府更完备的服务，留住优质企业和优秀人才，这样才能不断提高财政收入，增强与下辖区县相比的竞争力。

在企业和人才奖励、补贴政策层面，市、区县会有配合较高的统筹协调。市里对人才和企业有不同层次的支持和补贴，比如住房补贴、政策税收补贴、返还留存部分税收等，还有对上市公司、挂牌新三板公司的各种奖励，对公司拿到国家级、省级奖项的奖励，等等。区县参照市里的政策也会出台相应的规定，有适当比例的缩减或增加，在市、区县的加持下，企业的未来可期。比如根据《呼和浩特市支持企业上市若干措施》，本市首发上市企业在上市筹备过程中，市本级分阶段给予其资金奖补，奖补额合计不超过500万元；企业上市后，积极协助企业再享受自治区500万元上市补助资金。对实现在深圳交易所创业板、上海证券交易所科创板注册制上市的企业，企业完成自治区证监局辅导备案后，奖补200万元；企业经主承销券商递交发行上市申请材料并获得证券交易所受理后，再奖补200万元；正式上市奖补100万元；对进入新三板精选层的企业奖励300万元。抓大放小，放水养鱼，对中小微企业尤其是高新技术企业、"专精特新"企业加大力度扶持。

政府对有先发优势的上市企业进行奖励是锦上添花，对后备企业融资支持"雪中送炭"需要"真情实意"地体现在真金白银上，不少省份把"新增上市公司目标数量"作为经济发展的一个重要指标。于是，产业引导基金、创投基金就成了政府提升企业在落地竞争力方面的首要选择。

在基金层面，省、市、区县联动也成为常态化操作。自2018年资管新规出台之后，部分险资、银行理财子出资受到限制，政府引导基金成为PE/VC机构募资的主要资金来源，尽管部分地区也推行高比例出资方案，但实际上出资并不尽能达到最高配置要求。大批的基金管理人在申请市里产业引导基金的同时，也在同步申请省里和区县的产业引导基金。比如市里配资比例为20%，省里是10%，区县为19%，各级政府引导基金出资比例原则上最高不超过子基金规模的50%。不过，深圳的创新依旧在继续，2022年3月推出的《深圳市龙华区政府投资引导基金管理办法》明确，深圳市内各层次、各级别的财政资金和国有成分资金出资总额占子基金认缴出资总额的比例不超过70%，根据返投倍数的不同，梯度对子基金LP或GP进行业绩让渡，最高可让渡50%超额收益。在产业引导基金的要求下，完成省、市、区的返投也是可以重叠的，落地区县的返投就等于是落到了省、市，对基金市场化运作有积极的影响。

由点到线，由线到面，市、区两级的联动不光体现在政策和基金上，还需要诸多行政的协同和配合，区县的平稳发展、平衡发展也会为市里的财政收入和产业战略布局提供弹药粮草。市里要学会用行政的手段和金融的工具撬动每一块木板，把市里财政的桶沿做高，才能留住滋润地方生命力的水（税源）。

第二章

市县财政与投资模式

官员的KPI考核体系很庞杂，事无巨细都要考虑到，极为考验官员的管理能力。当好一任主官，过去历任官员留下的基础尤为重要，但是也要发挥主观能动性，敢于接受新的金融工具，盘活沉淀的资产，才能"为有源头活水来"。

要吸引优质企业入驻，只靠政策很难完成。其中既有"新官不理旧事"的问题，又有财政紧张无法兑现政策的风险。再者，全国各地的政策都差不多，很难辨别谁更具优势。只有给优质的企业提供市场，产品得到市场检验，让企业家群体感受到当地市县政府卓越的管理理念和高质量的服务水平，才能促成更多优质的企业落地投资兴业。

财政收入和 GDP 哪个更能诠释官员的 KPI

　　财政收入是指政府为履行其职能、实施公共政策、提供公共财物和服务需求而筹集的全部资金的总和，财政收入表现为政府部门在一定期间内（一般为会计年度）获得的货币收入。财政收入是衡量一国政府财力的重要指标，政府在社会经济活动中提供公共财产和服务的范围和数量，很大程度上取决于财政收入的富余状况。政府财政有四种主要的收入来源渠道：税收、社会缴款、赠与和其他收入。GDP 是指国内生产总值，是一国（或地区）经济在会计期内所有常住单位生产的最终产品总量除以人口的数量，是衡量一国（或地区）整体经济状况的重要指标。影响财政收入增长的因素是综合的，但是最根本的原因是GDP的增长，因为GDP代表的是经济整体的发展态势。但并非所有的GDP都会计入财政收入，GDP总量中部分不能计入财政收入，比如职工薪资和福利、营业盈余和固定资产折旧、农民自产自用收入、自有住房的虚拟服务等；部分财政收入与生产过程无关，所以按照国民经济核算原则，是不能计入GDP核算的，主要包括个人缴纳的契税、房产税、车船购置税以及部分非税收入等。

财政收入较大部分来源于税收和土地收入，很多发达的沿海省份的市县出现GDP和财税收入错配的现象，主要原因是进出口退税或者对外资企业退税引起的错位。一直以来，国内对外资企业是施行减免税收政策的，因为外资在本地的投资总额也是当地主政官员的KPI之一。免税减税之后是无法对当地财政收入产生影响的，但是能有效地拉动GDP的大幅度增长，促进当地就业水平，也能刺激当地消费能力人群的增加。算总账下来，对各项要素的考核是不亏的。现阶段，由于世界经济不振，国内经济增速呈逐步下滑态势，国家施行大规模结构性减税等因素影响，和前些年相比，财政收入与GDP的弹性关系已发生巨大变化。

使用税收手段来改善民生比较直接，同样也会影响政府提供的公共服务质量和数量，由于现在大基建已经完成雏形，基本能够满足人民的消费和使用需求。短期内大规模投入基建可以提振 GDP，同时减少失业率，一定程度上保障了农民工等在外务工人员工作的稳定性，但是对财政收入并不能产生明显的积极效应，不会增加下一次投资的机会。也正因如此，节流其实也是比较明智的选择，市县级政府应该将更多的财政资金用在支持创业和对中小微企业、个体工商户的减免税收支持上，能够让人民更切实地感受到在经济寒冬来临时，与政府抱团取暖，合作共赢，增加政企之间的亲密度。从长期来看，政府的正确引导能够刺激创业者百花齐放的创业激情，也能鼓励年轻人通过创业的方式完成就业，扩大培育企业基数，孕育更多的规模以上企业。政府通过创业引导基金的遴选，只有让创业机构在野蛮生长的同时，更多地关注管理的规范化、企业运营的制度化，迅速建立流程机制，才能提升企业创业成功的概率。

KPI 是关键绩效指标，不要以为只有企业员工才有 KPI 考核，市县政府主政官员也有。GDP 依靠的综合支撑是从生产力角度对地方经济整体的把握，完整地反映出了经济整体盘面大小。各地在比较 GDP 是否过一定节点，是因为无论是拆屋顶还是建屋顶都是一种生产力的表现，准确映射到 GDP 的增长上。下大雨的时候依然有人在拆屋顶，不是因为增长 GDP 而努力，是因为这是他的 KPI，主政官员为什么要关注 GDP 的增长和财政收入的增长，因为这也事关他们的 KPI。2022 年，中共中央办公厅印发了《推进领导干部能上能下规定》（以下简称《规定》)。《规定》主要规范对不适宜担任现职干部的领导职务所作的组织调整。"以习近平新时代中国特色社会主义思想为指导,贯彻新时代党的建设总要求和新时代党的组织路线,吸收了全面从严治党的新鲜经验,健全能上能下的选人用人机制,对于推动形成能者上、优者奖、庸者下、劣者汰的用人导向和从政环境,建设忠诚干净担当的高素质执政骨干队伍,具有重要意义。"

《规定》明确表示,"年度考核被确定为不称职,或者连续两年被确定为基本称职,以及民主测评优秀和称职得票率达不到三分之二,经认定确属不适宜担任现职的,"应当及时予以调整"。由此可见,KPI的权重加分项很多,减分项也很多,在某个选项加了分数也不代表在其他部分可以原封不动地补回来。市、县、乡的政府考核包括一系列较复杂的、持续变化的指标。追溯到十几年前,北京大学的刘明兴教授在《地方治理实践:结构与效能》一书中写到,他在2000年、2004年和2007年对全国6个省、60个乡镇和120个村进行了跟踪调查,以全国若干地区县、乡政府使用的干部工作文件作为基本依据,要求被访谈的干部在备选的考核任务之中,选择县乡镇政府领导班子考核最重要的五项指标,并按照考核权重的高低排序。表2-1、表2-2列出的分别是该指标为该地首要考核指标的比例和属于前五项重要指标的比例。不难发现,对于乡镇级政府来说,招商引

表 2-1 县乡考核中首要考核指标内容及变化

2000 年			2004 年			2007 年	
指标内容	首要考核为该项指标的乡本乡(%)	指标内容	首要考核为该项指标的本乡样(%)	2004年首要指标相对2000年的名次变化	指标内容	首要考核为该项指标的本乡样(%)	2007年首要指标相对2004年的名次变化
招商引资	19.3	招商引资	22.41	0	招商引资	35	0
税费收缴	17.54	政治组织工作	13.79	3	税费收缴	13.33	4
GDP 增长	12.28	农民增收	10.34	1	发展乡镇企业	11.67	2
农民增收	10.53	GDP 增长	8.62	-1	农业产业化	10	3
政治组织工作	10.53	发展乡镇企业	8.62	1	社会综治	10	10
发展乡镇企业	8.77	税费收缴	8.62	-4	农民增收	5	-3
计划生育	8.77	农业产业化	6.9	1	发展规模企业	5	—
农业产业化	7.02	计划生育	5.17	-1	项目建设	3.33	—
发展三产	1.75	基础设施建设	3.45	—	征地拆迁	3.33	4
收支平衡	1.75	发展三产	1.72	-1	廉政建设	1.67	—
农业产值增长	1.75	收支平衡	1.72	-1		1.67	3

表 2-2 乡镇政府前五项工作任务内容及其变化

2000 年			2004 年			2007 年		
任务内容	前五项工作中包含该项任务的样本乡(%)		任务内容	前五项工作中包含该项任务的样本乡(%)	2004年前五项工作相对2000年的名次变化	任务内容	前五项工作中包含该项任务的样本乡(%)	2007年前五项工作相对2004年的名次变化
计划生育	67.25		招商引资	65.5	1	社会综治	84.75	1
招商引资	53.45		社会综治	63.8	2	招商引资	64.4	-1
税费收缴	48.3		计划生育	55.15	-2	计划生育	64.4	0
社会综治	48.3		政治组织工作	36.2	1	政治组织工作	50.85	0
政治组织工作	32.75		基础设施建设	34.5	2	农业产业化	40.7	2
农业产业化	31.05		税费收缴	29.3	-3	基础设施建设	30.5	-1
基础设施建设	31.05		农业产业化	29.3	-1	税费收缴	28.8	-1
农民增收	29.3		农民增收	24.15	0	农民增收	28.8	0
发展集体经济	20.7		安全生产	24.15	11	安全生产	18.65	0
发展乡镇企业	17.25		集体经济	18.95	-1	发展乡镇企业	13.55	1
争取资金	12.05		发展乡镇企业	15.5	-1	项目建设	11.85	13

资是不变的主题。这其实契合了在省地级的 GDP 考核,也是一种对于经济发展的追求。另外,社会综治在前五项中出现的比例逐年上升。社会综治这个指标不仅包括当地治安,也包括信访数量等因素。这也是市、县、乡镇政府在全国两会期间等重大会议期间频频到北京截访的原因。

第三张表(表 2-3)是所谓的"一票否决"项目,也来自对主政干部的调查。由于调查年代所限,计划生育依然在考核

表 2-3　县乡考核中"一票否决"的指标及其变化

2000 年		2004 年		2007 年	
指标内容	该项指标为一票否决项目的样本乡(%)	指标内容	该项指标为一票否决项目的样本乡(%)	指标内容	该项指标为一票否决项目的样本乡(%)
计划生育	95.00	计划生育	95.00	计划生育	86.67
社会综治	76.67	社会综治	80.00	社会综治	80.00
安全生产	51.67	安全生产	68.33	安全生产	58.33
义务教育达标	16.67	廉政建设	15.00	招商引资	13.33
廉政建设	11.67	义务教育达标	15.00	廉政建设	13.33
招商引资	8.33	招商引资	13.33	税费收缴	10.00
环保卫生	8.33	环保卫生	13.33	其他	8.33

注:以上表格均出自刘明兴,侯麟科,陶然:《中国县乡政府绩效考核的实证研究》,《世界经济文汇》2013 年第 1 期,第 71—85 页。

之列,其中,计划生育、社会综治和安全生产是县、乡镇干部晋升的"红线",远远超过其他的指标。触及这根红线的干部,比如出了安全生产事故、超生数量超标或者是漏截了几个上访的群众,该县、乡镇的干部仕途就走到头了。所以,信访办一直是苦活儿、累活儿,政府主政官员最关心的也是维稳问题。当然,计划生育作为曾经的国策已经有了360度大转弯,鼓励多生孩子,增加本辖区内的生育率已经逆袭成为主政官员KPI考核的非硬性指标。

中共中央办公厅、国务院办公厅2016年12月印发的《生态文明建设目标评价考核办法》要求,在《绿色发展指标体系》中,资源利用权重占29.3%,环境治理权重占16.5%,环境质量权重占19.3%,生态保护指标权重占16.5%,增长质量权重占9.2%,绿色生活权重占9.2%。GDP增长质量权重不到资源利用、环境质量权重的一半,占全部考核权重不到10%。具体来看,人均GDP增速权重仅仅占1.83%,但是单位GDP能耗权重达到2.75%;PM2.5指标达标权重占2.75%,地级及以上城市空气质量优良天数比例权重为2.75%;地表水劣五类水体比例、森林覆盖率等权重也为2.75%。2020年9月22日,国家主席习近平在第75届联合国大会一般性辩论上表示,中国将提高国家自主贡献力度,采取更加有力的政策和措施,二氧化碳排放力争于2030年前达到峰值,努力争取到2060年前实现碳中和。自此之后，有关环境、能源资源的权重，超过了 GDP，相比于速度，经济社会的高质量发展变得越来越重要。

财政收入和 GDP 的考核任务是可以随着时代的进步出现转变的，任何量化指标出现之后，就一定会出现"数字游戏"的风险。为了避免考核成为作秀，政府要加强考核监管，优化考核方法，不能唯 KPI 考核论英雄，要从骨子里意识到，强力推进高质量发展才是中国经济社会需要发展的必由之路。

高质量经济发展必须要有"野路子"

习近平总书记在党的二十大报告中指出，高质量发展是全面建设社会主义现代化国家的首要任务。发展是党执政兴国的第一要务。没有坚实的物质技术基础，就不可能全面建成社会主义现代化强国。

高质量发展要考虑到市县政府的经济实力是否能够支撑。要发展必须有启动资金，市场上的资金看重的是政府的信用以及持有的资产。在国有资产被抵押殆尽的时候，市县政府辖区内还有大批的资产没有被盘活。在金融工具日益丰富并且下沉的今天，信托投资基金（REITs）产品的多元化可以被政府用来融资,并服务于实体经济。在 2023 年国家发展改革委在公布的 24 个盘活存量扩大有效投资典型案例中,就列举了发行基础设施领域不动产投资信托基金案例——深圳安居保障性租赁住房 REITs 项目、普洛斯物流园区 REITs 项目。据统计,截至 2022 年底,共有 25 只 REITs 产品获批,其中上市 24 只,合计市值超过 850 亿元人民币。

自 1960 年开始,美国推出了新的金融工具——REITs 产品,发展至今,已经成为全球最大规模的 REITs 金融市场,占比达到全球 REITs 市场的 63%,把欧洲和亚太地区远远甩在后面。我国的 REITs 产品虽然经过多年的发展,但是并不占优势,在团队筛选标的的经验、REITs 投资人对产品的认可度、产品变现途径的合理设计,以及风险防范的控制力等方面,跟成熟的市场相比还存在很大的差距。不过,金融产品的存在和演变往往是因地制宜、因时制宜的,我国 REITs 产品的特色逐渐凸显出来。经过市场的检验,权益型(Equity REITs)产品更加适合我国国情,抵押型(Mortgage REITs 或 mREITs)产品反而成为第二顺位的选择。度过了艰难的"初创期",REITs 产品的成熟度更高了,实践得出来的经验积累和总结,反向督促了各部委和监管部门的制度逐渐完善,产品涉猎的行业领域更加广泛,包括但不限于市政工程、污水处理、垃圾焚烧发电、交通、光伏风电新能源、智能仓储物流、产业园和工业园区、新型基础设施、保障性租赁住房九个领域。与此同时，相关监管部门和金融机构在深入探讨自然文化遗产、国家5A级景区、大型游乐园等具有较好收益旅游基础设施的产品设计。在完成了深入研究之后，金融机构发现如果产品想要高效便捷地发行，可以把眼光放到监管机构重视的具有跨区域供水、新能源发电、数据中心等功能的底层资产上，让资本和实体经济紧密结合，真正体现出资金融通的本质。REITs试点政策采用统一的上市标准及流通性限制要求（如资产系原则上建成已运营3年的成熟资产；资产规模门槛不低于10亿元、储备不低于20亿元；净回收可用资金承诺用于循环投资；原始权益人20%最低自持权益份额比例及5年锁定期要求等），制度设计的立足点是我国REITs市场试点起步阶段实际情况，符合我国REITs市场的发展阶段特点（图2-1）。

资金融通代表资金管理机构在制定投资计划和作出决策时，出于保值增值的初衷会靶向性地瞄准优质的底层资产，至于这些资产以什么形式呈现出来，在哪个节点获取多少收益，也与资产的稳定性和可持续经营性息息相关。REITs作为大类资产配置越来越重视的产品，与其他大类资产关联不大，能够有效隔离风险，防止出现系统性崩盘，导致整个资金池出现大规模亏损。

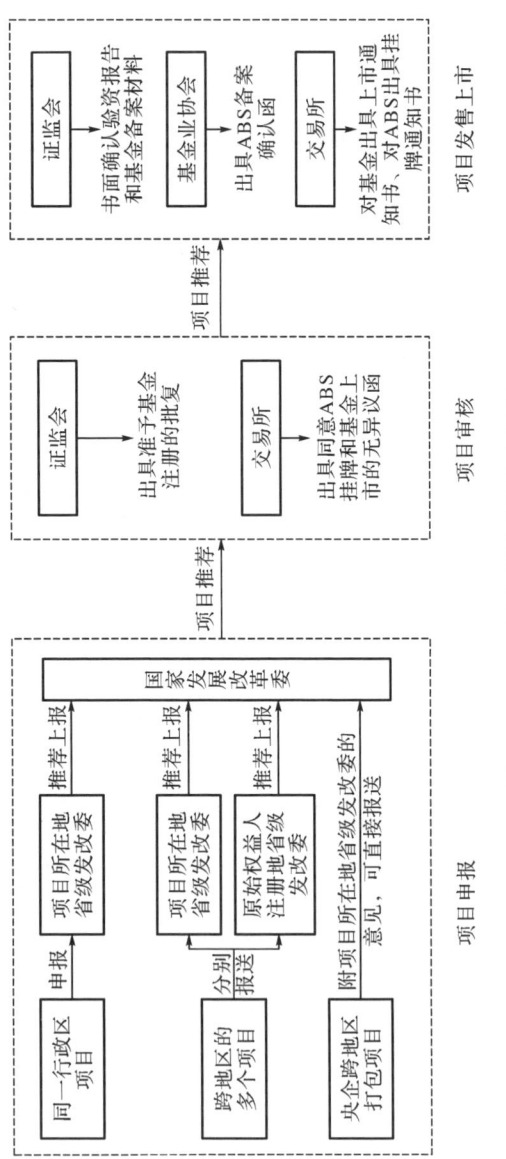

图 2-1　REITs 试点项目发行上市流程

甄别资产的优劣也是团队在判断行业特性和周期之后，确定排除政治风险、地域风险、人为风险等不可抗因素后，依托资产本身的质量作出判断。在包装和设计产品时，团队要有强有力的能够说服投资者的理论依据，同时拿出较强的信用背书，才能够顺利募资发行上市。一级市场能够卖得出去，在与二级市场投资人达成利益分红平衡后，才能维持此产品未来存续年限内的收益持续稳定上涨。如果在一级市场就已经透支了二级市场上涨的潜力，二级市场上的表现也会反过来对产品本身和设计者产生不良影响，会影响整个同类行业产品的顺利发行，波及设计产品机构多个产品的推出。

近期，保障性租赁住房 REITs 表现良好，上市后也比较紧俏，从产业上来说，房地产开发的红利已经在消减，一级开发商也开始把保障性住房等有政府托底的项目作为争抢的"香饽饽"。账款的结账周期虽然可能更长，但是在资金回收上有政府的信用保障，大多能够保质保量完成交办的工程。也正因如此，保障性租赁住房能够按时交到租住人手中，持续经营的现状没有改变，产品的利润、可分配金额等指标基本不会出现下滑。因此，传导给此类 REITs 的投资者以强烈的信心，进而激发中介机构对此类产品的加速研发和推出。市县级政府借助对保障性住房的掌控力，有机会在融资端做文章，降低融资成本。

新能源基础设施作为发电侧、用电侧大体量资金投入的标的，也是市县政府 GDP 增速的新动力。"双碳"目标实现需要大批"造血"金融工具的支持，REITs 也将成为盘活存量资产和同步纾解增量投入所用资金困难的利器。2023 年 3 月 29 日上午，首批两只新能源基础设施公募 REITs——中信建投国家电投新能源 REIT 和中航京能光伏 REIT，在上海证券交易所上市，底层资产是海上风电和光伏发电。国内风电、光伏组件的规模化大幅度降低了发电侧的成本，上网电价已经有了腾挪空间，供应链的完善程度不但保证了配套齐全，更能够降低使用方的综合成本，国内大批有丰富 EPC（工程总承包模式之一）经验的企业涌现，也为人力资源和产品出海提供了可行性，提升了整体服务的附加值。

上述两类拳头产品有效代表了权益型 REITs 的特点，长期、稳定、可持续，近期净利润和市盈率在市场表现极佳，表现了良好的抗风险及抗通胀能力。市场的风向标也具有"马太效应"，不过为了防范系统性风险，监管机构和中介机构也要将产品多元化放在重要位置，市县拥有的类似于产业园、港口物流、交通基础设施等领域也具有资产体量大和容纳资金较多的特性，需要时刻提醒市场资金做好资产分散配置设计规划，以免对市场稳定性产生消极影响，干扰 REITs 市场的良性发展。

根据《国务院办公厅关于进一步盘活存量资产扩大有效投资的意见》《中国证监会、国家发展改革委关于推进基础设施领域不动产投资信托基金（REITs）试点相关工作的通知》的要求，国家发展改革委也提出了优先支持百货商场、购物中心、农贸市场等城乡商业网点项目，保障基本民生的社区商业项目发行基础设施 REITs。

证监会指出，将推动社保基金、养老金、企业年金等配置型长期机构投资者参与投资，积极培育专业化 REITs 投资者群体。据上交所透露，将持续扩充配置型投资机构，研究完善相关发行和交易机制，激发市场活力，维护市场平稳运行。在制度体系建设初具规模，并且指导意见更加明确的情况下，市县级政府不妨筛选出需要盘活的资产，用 REITs 进行融资，然后用得来的钱再去发展基础设施建设和保障房建设，同时可以利用 REITs 产品中必需的私募基金通道，把地方政府下辖的基金管理平台管理规模做大，进一步吸引保险资金甚至社保基金介入股权融资，也能够体现出对金融的正面影响，真正地为高质量发展积蓄力量。

产业结构升级转型要思"前"想"后"

2023 年 4 月，习近平总书记在广东考察时强调"推进产业基础高级化、产业链现代化";7月,习近平总书记在江苏考察时提出"全面提升产业基础高级化和产业链现代化水平""在强链补链延链上展现新作为""要把坚守实体经济、构建现代化产业体系作为强省之要"。由此可见,能否有力提升产业链现代化水平,关系到我国能否在未来发展和国际竞争中赢得战略主动。产业链是生产力和社会分工进一步发展的产物,是基于一定的技术经济关联的各个产业(企业)部口之间,并依据特定的逻辑关系和时空布局关系客观形成的具有价值增值功能的链条式关联关系形态。产业链的本质是描述具有某种内在联系的产业(企业)群结构,它是相关产业组织形成的一种功能性的网链结构。产业链是经济活动的核心,连接着生产、消费的各个环节,决定着一个产业的综合实力和竞争力,是建设现代化产业体系的关键基石。

产业结构转型升级就是"强链、补链、延链",一方面是加强协同合作,形成产业聚合优势,进一步提高现有产业的科技含量;另一方面是要补全产业链,形成区域内的产业闭环,这样可以有效地减少系统性风险,抵抗市场周期;再一方面是要延伸产业链,通过创新活动创造出新的产业链条,提升产业链价值,推动实现产业高质量发展。

思"前"想"后"的意思是,认真思考当地优势产业和潜在的有可能发展起来的产业,想通引入战略新兴产业落地之后的发展之路。转型升级是一个系统化工程,并非像把大象装进冰箱里的故事一样,只需三步:第一步把冰箱门打开,第二步把大象装进去,第三步把冰箱门关上,就算完事了。故事之外,首先,我们要考虑冰箱里面有没有可以拿得出手吸引大象的东西,也就是优势产业。如果有龙头企业可以引领指挥,大象是有可能自己抢着往冰箱里钻的。其次,大象适不适合装到自己家冰箱里,大象会在你家冰箱里随地大小便,原来冰箱里面装的食品和其他动物就很难存在了,反而形成不良反应。最后,大象进了冰箱后,冰箱门能不能够关得上,冰箱用电能不能让大象达到既能保鲜又能逐渐茁壮成长的效果。

市县政府先要理清楚下辖规模以上企业在行业中的地位,是第一、第二梯队还是位居末端的小企业。原则上,产业结构中支柱产业的梳理往往先从市值规模较大的上市公司和国有企业摸排。上市公司市值规模越大,销售收入、利润以及品牌影响力都会同比放大,具备多元化的股权治理结构和市场化的经营管理手段,说明现代企业制度施行得越彻底,财务和业务的规范化程度就越高,作为区域产业龙头的地位也就越稳固。国有大型超大型企业天然在规范性上占据优势,由于是独立的企业法人主体,可以推动此类企业完成上市,不过不能成为市县融资的渠道,不能侵犯中小投资者的利益,但是可以推动国有上市公司在市县范围内拿到政府订单,将税收留在本地,也能提升本地的就业率。

支柱产业不需要太多，否则对于区域不大的市县来说反而是一种灾难。顾头不顾腚，大而不强是累赘，不聚焦也找不到工作重点，既要又要还要，扶持力度越平均越会减弱，毕竟财政的支持是有限的。

与前文所述的河北省唐山市类似，对于像山东省青岛市这样的港口城市来说，港口码头就是天然的"吸金石"。青岛的产业转型升级是建立在传统产业的基础上，用科技来改变甚至颠覆整个产业，才能完成升级。青岛的海外进出口贸易可以带动物流产业、换电重卡和氢能重卡，以及新能源矿山机械。在"双碳"的政策鼓励和补贴支持下，氢能源重卡能够带来的是制氢、储氢、运氢、加氢全产业链的建设和更新，换电重卡带来的是充电网络、储能等产业的落地升级。外贸进口保税仓的建设，能够带动跨境电商等企业的落地。青岛有丰富的海上风电资源，使得青岛的用电量同比不断创出新高，出色的消纳能力也能够支撑新能源风电和光伏投资的收益率，因此也会有大批的新能源央企来捧场，新能源产业应用场景对企业进驻的吸引力非常明显，也会迅速形成新能源产业集群。

2020年2月，国家发展改革委、国家能源局等八部门印发《关于加快煤矿智能化发展的指导意见》，明确提出到2025年大型煤矿和灾害严重煤矿基本实现智能化，到2035年各类煤矿基本实现智能化。近年来，各产煤省区、煤炭企业积极探索，大力实施煤矿智能化建设，加快推进机械化换人、自动化减人、智能化少人，有力推动煤炭生产方式实现根本性变革，为保障煤炭稳定供应奠定了坚实基础。近几年煤矿生意风风火火，现金流非常旺盛，内蒙古鄂尔多斯、陕西榆林、山西大同等地盛产煤炭，储备了大量的资金，当地国有企业也有产业转型升级的需求。适用于"短倒"路程的换电重卡和氢能源重卡也大有前景，另外封闭的场景对无人驾驶矿山机械也有天然的吸引力，可以有效地节约成本，同时减少人员伤亡。此外，还有洗煤厂智能巡检机器人、锚杆钻车、大功率掘进机、自移机尾、智能化矿山综合管控平台等，也已经普遍运用到中大型煤矿生产工作中。

强链、补链不一定是以招商引资的形式，市县政府完全可以组织国有企业配合当地优势产业龙头。根据产业龙头的需求，通过并购基金投资的形式，对相关企业进行并购，纳入当地的产业链体系。操作方式可以由产业龙头和当地国有机构各出资一部分，当地商业银行用并购贷的方式配资 50%～60%。如果产业龙头还没有上市，并购可以增厚产业龙头的收入利润，为上市做更充分的准备。国有资金作为投资人持有原始股，未来在二级市场变现，或者按照固定的收益由产业龙头进行回购。如果是帮助当地上市公司并购，市县资金可以以固定收益为主，毕竟已经有产业落地当地，能够给市县增加财政收入和 GDP。

延链是一项考验创新能力的工作，市县一级政府可以组织引入高等院校或者中科院的相应研究所，协调与当地产业龙头建立博士工作站和联合重点实验室，通过"产学研"紧密结合，既能够帮助产业龙头寻求新的盈利增长点，也能够为科研院校提供社会实践和收集、更新实验数据的机会，还能提升市县整体科研水平和人才水平，一举多得。同时，市县政府可以组建针对引入科研院所师生的天使基金，假设相关人员愿意创办企业，市县天使基金便可以与高等院校和科研院所体系内的孵化基金一起，联合投资支持这些创新创业企业，只有不断推陈出新，通过资本和产业的紧密结合，才能真正地完成延链工作。

投后管理还得靠当地市场

经过"强链、补链、延链"之后的市县产业经济，当地国有基金也通过股权投资成为被投标的的股东，一般都会要求在董事会中占据一定席位，对公司的经营管理、重大事项决策有知情权和建议权。一旦国有投资机构的资金进入，不管是自有资金还是募集来的资金，国有资本那根弦就要拨动起来了。不单是因为在年底面临投资业绩的考核，不管是用可比法进行测算浮盈还是按照退出老股测算收入，从股东的角度来对待被投企业，帮助其成长肯定都是无可厚非的。

地方国资基金的投后管理与市场化基金的投后管理办法差异不大，投后管理分为三种模式。一种是投前投后一体化管理，也就是哪个团队负责投资的，基于项目经理对标的的充分了解，为保证项目前后一致性，就需要这个团队负责到底，一直到退出。这种方式缺点比较明显，随着投资项目的增多，投后管理可能就拘泥于基础材料的收集和定期的回访上了。另一种是专业投后管理队伍，通过建立专业的团队，为被投企业赋能，同时参与投后企业的各种重要会议，随时监控生产经营风险，给予建设性建议，这种方式优点是可以更加专注。还有一种是外部专业化投后管理，要么是提出任务模块，交给第三方咨询公司来帮助处理投后管理事务，要么就是让投后团队独立出来，成立管理咨询公司，独立运营、自负盈亏，又受基金管理公司管理，在绩效考核、费用核算上与投资前台团队脱钩，为被投企业服务赋能的同时，能够实现一定的服务收入，也算是开源增收的一种手段。

投后管理是基金募、投、管、退里面非常核心的一环，很多人认为投后管理是个伪命题，由于人数限制、专业限制、投后管理考核制度不明确等原因，多数投资机构是无法对企业进行赋能的，投后管理变成了"鸡肋"，成了大家认为的伪命题。

被投企业发展得好,经营者不想让投资机构过多参与到经营管理上来;被投企业发展不好,更本质的原因应该在自己团队身上,原有签署的回购协议也未必能够顺利执行。

按照常规做法,投后管理主要是对投资协议中的执行落地进行监督管理,能够及时获取和收集信息,如下所示:

(一)约定派驻董事、监事、财务人员等人员的,应及时协助办理任命手续。

(二)落实协议中规定的项目公司及其子公司或控股公司相关股权变更事宜。

(三)项目公司经营触发对赌条款的,应积极与项目公司联系、沟通,落实相关现金补偿、股权补偿、股份回购等相关事宜。

(四)根据协议约定,积极维护本公司拥有的优先认购权、优先购买权、共同出售权以及作为股东拥有的知情权和监督权等相关权利。

(五)督促项目公司在协议规定时间内提交财务报表或审计报告。

在收集材料之后,要定期做好月度、(半)年度和重要会议的参会报告,根据市县国有投资基金的工作安排,定期对被投企业进行复盘。这是年终考核的需要,也是为了避免今后同类项目出现相同的情况,查缺补漏。

笔者理解的投后管理，一方面重点是风险的防控，避免企业出现经营管理不善、现金流不畅、上下游产业链不稳定、债权融资和次轮股权融资结果不理想等诸多所谓的风险，这些都是投后管理需要时刻注意的。但也不排除在发现团队之间存在矛盾，公司可能因此完不成对赌的情况下，经过充分协商，由市县国有基金安排招聘的职业经理人进行接管的可能性。中餐品牌"俏江南"的张兰当年因为对赌协议的原因，被迫丧失了俏江南的管理权。另一方面重点是用自身的一切资源给被投企业加持各种能力，协助开拓市场、完善经营管理制度、推荐优秀人才、引入研发合作机构、给予各种新闻宣传报道支持、帮助完成危机公关、配合下一轮投资人的尽职调查和访谈、协调监管机构和交易所快速推进上市进程，总之都是为了企业能够稳步快速发展，保证投入的资金尽可能快且高收益地退出。

按照风控要求，需要撰写重大风险报告，即当被投企业出现下列情况或存在可能导致下列情形发生的风险因素时，投后管理人员需对项目公司进行特别关注，与投资业务部门共同拟定风险应对方案。

（一）财务业绩与盈利预测水平背离达30%以上。

（二）由盈利转为亏损或亏损增幅达30%以上。

（三）资金严重短缺，出现支付困难。

（四）主要上下游企业发生重大变化，产品市场份额持续大幅下降。

（五）公司财务和经营管理混乱，导致生产停顿。

（六）公司因重大战略决策失误而陷入难以扭转的困境。

（七）管理层出现道德风险而导致公司重大损失（或正面临重大风险）。

（八）公司发生重大人事变动、内部股东不和、重要业务伙伴关系恶化。

（九）公司发生重大资产收购、重大资产出售及处置；公司发生合并、分立或者进行重大资产、债务重组；公司发生被接管、关闭、解散、破产、清算等影响其存续的情形。

（十）公司涉及经济、法律纠纷，被司法、税务、工商、环保等部门提出警告或处罚。

（十一）其他对公司投资有重大不利影响的事件。

市县国有基金通过投资进入标的，往往想法会比较多，一方面要考虑到对当地招商引资有没有意义，另一方面还要让基金本身赚到钱，再者就是能带动自身集团或者关联公司的业务有所增长。假如只是财务性投资，在市县国有投资机构看来，是不符合当地政府赋予的职能的，很多市县政府限制本地国资基金对外"空投"。"空投"的意思就是不允许对本市县以外的企业进行投资，除非这家企业在本市县落地产能或直接把注册地搬迁过来。除了政策的限制，还需要对行业有所挑剔，在投资之前要充分考虑到自己投进去怎么保证国有资产保值增值，怎么能够保证在退出的时候赚到钱呢？投资的时候做好尽职调查、压低估值，这属于事前必须要尽责的风控措施。未来如果发现当地市场无法给予被投企业赋能，不能给被投企业增加收入利润，下一轮的估值自己心里就会没有底气，那就真的有点不敢投了。本着权责利相当的原则，既然要求比别的投资人多，又让落地又要赚钱，那就要发挥市县国资的优势，把当地的市场作为估值腾飞的垫脚石，帮着被投企业迅速占领当地市场，这样才可以称为优秀的投后管理。

当然，市县国资已经在投资之初想到了与被投企业主体合作的最佳方式。被投企业是可以与市县国资成立合资子公司，由被投企业控股并表，做大收入，提升估值。然后一起拓展当地业务，由市县国有投资机构充当拓展市场的尖兵，利用当地熟悉的人脉资源网络和国企身份，推开客户的门，有效避免盲目地推，提升拓展业务的效率。现在行政指令不能干扰市场销售，但可以通过措施缩短业务合作流程，提升业务合作效率，避免盲目地推工作；被投企业提供业务产品和技术服务的支持，各司其职，股权当然还是按照能够并表的模式并入被投企业，在资本收益上让市县国资更有赚头。至于日常经营带来的收益，双方可以在项目公司层面将分配比例谈好，避免出现财务不规范的情形。

第三章

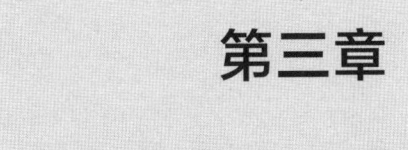

市县投资新理念

投资对于官员而言并不陌生，非科班出身也能知晓投入产出比，明白高风险高收益。"闻道有先后，术业有专攻"，专业的事情应交给专业的人来做，把医疗、工科、电子、新能源等诸多高深的理论，用商业逻辑来验证，产品好坏主要看市场客户是否认可，这也是检验投资风险的最佳论证。

产业引导基金团队逐渐由过去的官员调任变成市场化招聘，合肥、广东等发达地区的市县国有投资机构已经实现市场化招聘和体制内工资激励的"双轨制"，从人员层面而非股权层面完成国企的混改。这既能满足专业人才有资金可投资的需求，又能让体制内的人完成整体的业绩要求，不得不说是一种较为妥善的处理方法。

选"性感"的行业作为多元化发展的招牌

无论是一级市场投资还是二级市场投资，除了日常的突发性会议新闻或者时事新闻对个别行业表现的影响之外，行业是否"性感"成为对投资人是否有吸引力的重要判断标准之一。比如，党的十九届五中全会明确提出到 2035 年建成文化强国的远景目标时，很多文化娱乐影视企业成为投资人追逐的对象，争抢着要带资入场，像周边的电影院产业集团也都作为产业链上重要的一环变得非常有吸引力。时至今日，已经有大批文化娱乐企业面临现金流困难，上市公司面临再融资限制，无法再野蛮生长，投资人不只对企业如此，对其投资的影片和电视剧，甚至游乐设施都有一定的排斥。时代造就了一些曾经一度风光的文化企业，政策制度带来的红利也终将被颠覆掉。

所谓"性感"的行业，是投资人认为符合时代浪潮，有大政策指引长期不变，市场的推崇和接受程度较高，持续发展成为颠扑不破的真理。比如医疗健康行业、消费行业、高端制造业、现代农业、智慧物流产业等，与人们的生活息息相关，假设其中一个行业运转缓慢，会对社会经济产生极其重大的负面影响。市县作为基层接触上述行业最近的主体，更能有温度地感知其发展的节奏。

我国二线城市比如湖南省长沙市、四川省成都市，人民生活压力不大，住房、教育、医疗成本相对都不算太高，兜里面的钱让人有娱乐消费的冲动，市县主政官员便主打娱乐消费投资。湖南卫视的品牌效应吸引了国内的知名企业来打广告，顺便开拓一下长沙市场。大批知名企业都诞生在这些地方，火爆到排队数小时的文和友、网红一时的茶颜悦色、忘不了、盐津铺子、御泥坊、梦洁、小洋人、虎头局渣打饼行、墨茉点心局等，当地民众的消费习惯足以支撑长沙变成消费者最喜爱的城市之一。四川成都作为我国西南地区生活最安逸的城市，"少不入川"的名言也时刻回荡在耳边，业已成为西南地区人民首选的购房城市，美食美景都是吸引各路英豪选择成都安家的原因。当地政府也在用心地营造消费场景，在吸引商户和知名品牌入驻上投入人力、物力、财力，激发城市的活力。在他们看来，娱乐消费就是最"性感"的行业。

由于政策原因，消费行业企业在国内上市有一定阻碍，对投资人抢着进入消费领域的影响力不算大，现金流比净利润更能吸引投资人。在不准备上市的消费类公司看来，现金分红比上市后的投资收益更加实在，短期得到分红，长期来看政策松动的时候还能够通过股份获得资本利得，那就太完美了。市县国资的支持往往是象征性的，消费类品牌对地方国资基金进入不是非常感兴趣。理由很简单，To C 类别的企业通过行政指令是无法获得市场的，假如还需要日常烦琐的审计和评估，也会不利于企业市场化推广。所以，虽然市县政府觉得消费是门好生意，在"强扭的瓜不甜"的现实情况下，未必能够投资进入。

科技强国作为我国的国策，科技企业解决"卡脖子"问题，实现国产替代，成为市县极为重视的投资方向。第一产业更多的是依托地理环境，经济作物、粮食作物的种植都是靠天吃饭的；第二产业能够反映一个城市的工业基础和人才构成，对GDP 的刺激力度是最大的，也是能够让市县实现长足发展的根基；第三产业包括服务和金融行业，金融的本质就是为实体经济服务。假设没有好的第二产业出现，金融就无从服务，其他服务业跟这个城市的经济实力和居民生活水平是正相关的。因此，第二产业尤其是硬科技为主的高端制造业、新能源新材料、医疗生物制药、芯片半导体等是大多数市县政府不得不重视的存在。基于扶持当地企业的出发点,以及资本市场对这些行业的认可度和上市宽松度,多数国资基金需要国有资产保值增值,又喜欢落地厂房设备提升当地工业总产值,也纷纷愿意投资进入。"性感"这个词用在这几个细分行业,是十分得当的。

虽然第二产业受历史原因的影响,发展并非一帆风顺,但是也有在新产业涌现出来时抓住机遇的可能性,这十年来最火爆的就是新能源汽车行业,不但因为落地体量庞大,能大幅度带动GDP的增长,还能够吸引来周边的供应链企业。国家陆续出台了多项政策,鼓励动力锂电池行业发展与创新,《新能源汽车动力蓄电池梯次利用管理办法》《制造业设计能力提升专项行动计划(2019—2022年)》《新能源汽车产业发展规划(2021—2035年)》等产业政策为动力锂电池行业的发展提供了明确、广阔的市场前景,为企业提供了良好的生产经营环境。新能源汽车刚刚兴起的时候,宁德时代作为新能源汽车的动力源,落地宁德当地也是有历史原因的,ATL作为消费电池的主力供应商,延展出动力电池的生产商CATL,当年CATL的厂房也是租赁的ATL的地方,两家公司毗邻,创始团队也有重叠。

虽然由于历史原因,宁德时代总部搬迁的可能性不大,但当江苏溧水、四川宜宾等地区争取宁德时代落地的时候,很多市县政府并没有意识到宁德时代将成为新能源车时代的动力电池"巨无霸",也就错失了投资总额和工业生产总值双升的历史性机遇。随之而来的电池上下游——正极、负极、电解液、隔膜生产热潮让各地政府都坐不住了，新能源车作为国家大力发展的趋势已然确认，再不争那就真的不用争了。动力电池产业链上下游的落地也主要以两个资源来判断落地区域：一个是是否离锂辉石矿等资源产区近，另一个就是是否离需供货的电池厂近。所以四川宜宾正在打造世界锂电池之都，宁德时代链主的地位牢不可破，带动了一大批上下游企业落地，真正地实现了产业集群化效应。

2022年我国动力电池累计装车量达294.6 GWh，占全球总销量的56.9%；正/负极材料出货量约占全球市场份额的90%，电解液出货量全球占比超85%，锂电隔膜占据全球超80%市场份额。根据全球动力电池上市公司公告统计，到2025年动力电池的产能规划为8 000 GWh，实际上需求量不超过1 500 GWh，这就意味着动力电池行业洗牌周期到来，大批的企业要倒闭。优胜劣汰、适者生存是自然法则，每个产业都无法逃避，动力电池上下游被争取过来的企业良莠不齐，除了头部数十家企业之外，各地一拥而上的给钱给房给地给政策的企业，也有可能面临一地鸡毛的风险。

在二级市场操作中，"戴维斯双击"是在低市盈率（PE）买入股票，待成长潜力显现后，以高市盈率卖出，这样可以获取每股收益（EPS）和市盈率（PE）同时增长的倍乘效益。这种投资策略被称为"戴维斯双击"。市县政府的招商和投资意识也可以照搬来使用,"性感"的行业不会一直"性感",任何一个行业都有周期,市县政府也需要在周期来临前忍痛割爱,重新作出选择,长痛不如短痛,"死贫道不如死道友"。

科技产业园大行其道的逻辑

当前,市县各地都不缺产业园和工业园,国内外经济形势不明朗和国内产业结构大规模调整,让空置率变成一个前所未见的数字。不缺房子不缺地,缺的是企业入驻,不管是贸易公司、皮包公司还是文化娱乐公司,只要有人来入驻,就有可能产生税收和现金流。政府拥有的是当地包括土地、政策制定、人脉资源、企业资源等在内的各种资源,但是缺乏运营管理和基金招商的眼光和能力。于是乎,产业园运营类公司便开始在各市县跑马圈地,靠着经验和专业,不断挖掘税收洼地和产业洼地,嫁接补足当地产业链的企业落地,与当地政府形成资源与专业互补的关系,到处出差考察园区用地,忙得不亦乐乎。

就运营公司需要的物理空间而言,对于写字楼,除了要求交通便利离高速出入口、高铁站近之外,拎包入住也是基本诉求，如果需要重新装修，要给予一定的补贴，其他的都大致相同。对于厂房，基本上要求标准厂房，便于优化资源配置。这里提到的"标准"跟行业特性相关，各个行业的用途、结构、设备和资金都有区别，需要引入不同产业的产业园区经营企业提出具体要求。产业园经营公司一般会采用与国有业主合作经营的模式，也就是不付给业主租金，产生经济效益后再与当地政府分成，具体比例可以商议，按照权责利相当的原则，产业园运营公司按大头拿收益的可能性比较大。

产业园运营除了需要物理空间之外，大多提出了软性的要求，比如要钱要政策。不过这钱有主动支付的，有被动返还的，也有长中短期的差别。它们在省市区本身各种招商引资奖励政策之上再争取到超过 20% 以上的奖励以及相应的管理费用，其中，主动支付的包括租房优惠、人才奖励和补贴、租房补贴、上市奖励等，被动返还的包括税收政策等。此外，要钱的另外一个用途就是组织专项的招商基金或者孵化器基金。为了能够让入驻园区的企业能够有启动资金，形成人才、资金、产业的正向流动，一些依托科研院所、国内外大学合作或者直属的产业园运营公司提出"一院、一园、一基金"，即"一个研究院、一个产业园、一个创业投资基金"，整体套路都是产学研结合，促进科技成果转化，培育产业腾飞的土壤。总体来看，当地政府更在乎的是社会效益，虽然也比较看重经济效益，但这不是最重要的。无论是人、财、物，只有流动起来才能算是搞活，就像金融的本意就是"资金融通"一样，只有交融流通起来，才能获取更大的利益，当地政府短期内完全可以将现有收益全部或者部分让利于产业园运营企业和园区内的入驻企业，从长远看来更符合当地政府的诉求。

与当地国有企业合资成立项目运营公司也是常规操作，需要由当地国企出面来处理当地政府各部门和所在市县区的人际关系，而且，有当地国资作为股东傍身，在工商、税务、消防、卫生等各个部门都能以公对公、国有对国有的身份出现，既不伤和气，又能低成本达到办好事的目的。至于跟当地国资合资公司的股份和收益分成，可以按照国有∶民营以 3∶7、4∶6 等比例作为实缴出资入股，按照倒算的比例或者按照实际持股比例进行分红。此外，产业园运营公司往往会以上市为目的，类似上市公司有上海德必文化创业产业发展（集团）股份有限公司，这就需要项目公司与拟上市母公司合并报表，增加收入和利润值，在中长期把产业园的运营收入纳入囊中的同时，还需要拿到一级市场的股权投资，并且早日登陆二级资本市场，为下一步扩张进行再融资。在此可以与合资的当地国企约定，在上市前将项目公司里面的国企持有股份回购，或者通过资本手段上翻到上市公司股权，约定好一个相对公允的估值，就可以让国企股份有长期收益预期，对当地运营公司存续的稳定性是有好处的。

在提交政府的储备项目方面,产业园运营公司的眼光、心思和能力会得到集中体现,对当地产业结构和产业园区布局的深刻理解是给政府交出满意答卷的第一步,按照政府要求筛选出种子期、成长期、成熟期的项目名录,招商引资比例上做好配比,这样做也是为了让园区的人才库和企业发展实现梯次发展。

其中,初创型种子期的企业需要看创业团队的学历和工作背景,假设是华为、腾讯、阿里等大厂出来的高级管理人员或者技术人员,创业成功的概率会稳稳上升几个层次,也就意味着可能成为资本追逐的明星团队,能够入驻园区代表的就是产业园运营公司的影响力和人脉资源,给予的会是最好的条件。这种类型的团队也说明当地的营商环境和政策不输于超大型城市的任何园区,口口相传,自然而然也能带动一批类似的人才和企业入驻。类比一下,现在很多大学的 EMBA 也是找一些有影响力、号召力的企业家和投资家免费上学,过去就是找有政治地位的官员用奖学金和无约束的学制吸引相应的企业家,这种招生的手段类似于买一送多,招商引资也是如此。

针对成长期的明星项目,最好在其背后有明星资本的加持,业绩的增长超过同行业企业一大截。这样的话,头部企业的高溢价是投资者们认可的逻辑,成长性和科技含量成为判断成长期企业的重要标准。这类企业可以完善当地的供应链，迅速完成产业链的闭环。

最后，要说动成熟期的企业入驻，需要下的功夫不是钱能解决的，更多的是考虑到当地资源和地理位置优势，因为大多数成熟型企业很难搬迁注册地，能搬迁也会拿跟原先注册地政府需要有交代为理由婉拒，可操作性最高的做法是设立省总部或者区域总部，这种情况下订单资源和地理位置尤为重要。成熟期的企业尤其是上市公司的入驻对当地主政官员来说，还是脸上有光的，面子里子都有了，往往产业园运营企业也会顺理成章地完成下一期园区的续约。

对科研院所、大中院校的研究所、分校，以及国家部委的研究院进行引入，对院士工作站等企事业单位的获批设立，都可以列为入园的储备项目，虽然不能带来较高的经济效益，也能带来不同的高端人才储备，未来可以申请省级或者国家级的重点实验室，对当地的科技进步有非常重大的影响。

在南方一些城市，一个产业园就能有财政拨付的数亿元资金作为招商用途，很多产业园也开放给社会化的产业园运营公司来管理。相应的投资人才配备好后，看中好的项目下重注，往往也能尽心尽力为其服务，完成运营公司向投资公司扩充营业范围的转型升级。创业型种子期的项目，假设在早期介入，虽然是用钱来入股，其实也是充当了联合创始人的角色，与创始人共同创业有感情，在未来产业园拓展的过程中，这类企业都能成为产业园运营公司与其他地方政府园区谈判的筹码，拿得出手又能有一定影响力，实际控制人跟着做配合拿补贴和奖励，又是忙得一个不亦乐乎。

加大力度培养官员的股权投资意识

市县投资和招引的成功概率大小都是靠事在人为，事情需要人来做，有些事情能不能做成，也要看地方官员的股权投资意识是不是成熟。安徽合肥是最鲜明的例子，合肥被誉为最成功的风险投资者。现在各地都跑到合肥去学习考察，都在"学安徽，超合肥"，希望能够把合肥的基因嫁接到自己的血液中来。有的学到了面子，有的学到了里子，有的面子里子都没学到，就是去旅了个游、玩儿了个票。

合肥的"招商投资"理念，不同于传统的"招商引资"，合肥政府在决策过后成为风险投资人，可以用财政资金或者国企资金直接投资其认为对当地有战略价值和社会价值的产业，由此吸引和带动产业集群的项目落地。

很多人在说合肥抓住了风口，抓住了战略新兴产业的关键点。人工智能、新能源、芯片、集成电路等产业逐渐发展壮大，合肥新一轮的产业项目布局建设方向已经基本形成，"芯屏汽合、集终生智"也成为合肥主产业的缩写："芯"指的是芯片产业；"屏"指的是新型显示产业；"汽"指新能源汽车暨智能网联汽车产业；"合"指的是以人工智能和制造业融合为代表的新兴产业等；"集"指集成电路；"终"指智能家居、汽车等消费终端产品；"生"即生物医药；"智"指与工信部共建的"中国声谷"以及以科大讯飞等为代表的智能语音及人工智能产业。合肥的产业建设如火如荼，有一种深圳特区当年蓬勃的朝气。

合肥的成功绝非运气使然，当地领导需要有足够的远见和担当，敢于决策，"胆大心细"，在选择企业时也会选择暂时困难的企业。他们深刻理解了英国前首相丘吉尔的那句话"不要浪费一场危机"，企业的危机对当地政府来说就是产业的转机。企业举步维艰的原因很多，假如把所有反向的力量掰过来，在政府的引领下不断将反作用力变成助力，企业成功的概率就会变得更大，形成产业集群规模化生产的难度也就变小了很多。攻城容易守城难，决策作出之后，最难得的是当地官员秉持一以贯之的决策认同，拒绝后任不理前任账，拒绝签过的协议不算数，对前任官员的执政水平、能力和节操有认同感，也是合肥主政官员不可多得的宝贵品质。

除了领导干部开放的心态和敢为人先的工作思路之外，合肥作为中部地区的核心城市，在基础设施建设和产业配套上也都先行一步。好的开始是成功的一半，在企业能够拎包入住的时候，企业家急于开展生产工作的事业心便被点燃起来了。在看到合肥以国资为主导，形成"引导性股权投资＋社会化投资＋天使投资＋投资基金＋基金管理"的多元化科技投融资体系，在容错免责机制的宽松度上，合肥国资基金也敢于出手投资风险较大的项目，因为风险和收益永远是成正比的。这个放之四海而皆准的道理还是有很多政府没有搞懂，或者说搞懂了但是不敢为头顶的乌纱帽去冒险。获得资金的支持，也让一批技术牛人、学科带头人彻底消除了疑虑，解决了后顾之忧，看到了吸引优秀人才组建团队和购买设备抓紧完成科技成果转化的希望。时间就是金钱，效率就是生命，企业家对当地政府的信任感和归属感油然而生。踌躇满志之余，他们考察完营商环境，感受到合肥政府官员的服务意识，已有了"走过、路过，不要错过"的感觉，那么落地签署投资合作协议也在意料之中。

据统计，为了强化招商能力，合肥常年派出数百支专业招商小分队，招商人员每年大部分时间在全国各地寻找值得投资的项目，每年谋划不少于 100 个重大招商靶向型项目。项目在经过尽职调查、详细论证后，高效地走完政府内部流程。合肥政府对招商团队，实行常态化产业招商培训，将招商队伍的业务能力培养放在第一位。团队也深切地明白自身的短板，在工作过程中用好专家智囊团,补齐短板。各司其职,政府能做的就政府做,其他的事留给市场、留给专业人士来做。包括聘请外部企业家作为招商顾问,引进大学的教授学者,鼓励建言献策,提出不同意见。政府在经过充分论证之后,将对策变决策、文章变文件,坚持"实践是检验真理的唯一标准",通过行动将理论与实践相结合。有了专业眼光、专业研判,才有敢大胆出手的魄力。用合肥市委书记虞爱华的话说,合肥这个投资团队拼的不是"手气",而是"手艺"。

随着这一套工作体系在合肥官员群体中形成共识,见到卓有成效的企业引入和经济增长态势,合肥也开始演化转变,围绕产业创新的价值链,发力科技孵化、科技产业、科技金融三大方向,谋求形成在丰厚研发创新土壤上的科技"产、投、融"一体发展模式。市县官员在发现优质标的是未来有可能上市的标的时,也可以给予股权投资的支持,但是为了避免产生道德风险,往往不允许领导干部及其家属成员参与到股权结构中。在市县国资基金投资的引导功能实现后,投资基金的收益也需要有体现。合肥投蔚来汽车,为了保持大股东的决策稳定性,其在上市后也让实控人李斌在相对低价的时候回购股份,让利于企业家,稳住企业在当地的生产制造。从这个角度来看,投资的关键不在政府是否获利,而在于收益如何处置,留存多少,经济效益和社会效益哪个列在优先地位,算综合账的时候政府是不是最大的获益者。政府获得投资收益后体现激励原则是必然选择，更多让利给市场机构或其他 LP 主体，以此引导和调动社会资本进入市场的积极性，才能够吸引到更多的资本和企业家蜂拥而至。

《战国策·燕策一》中有则"千金市骨"的典故，燕昭王想在全天下招揽人才而不得，谋士郭隗给燕昭王讲了个故事——从前有一位国君愿意用千金买千里马。过了很久，千里马也没有买到。这位国君手下有人毛遂自荐请求去买千里马，这个人用了几个月的时间，打听到某处人家有一匹千里马。可是，等他赶到这一家时，马已经死了。于是，他就用 1 000 金买了死马的骨头献给国君，国君看了用昂贵的价格买回来的马骨头很不高兴。买马骨的人却说："我这样做，是为了让天下人都知道，大王您是真心实意地想出高价钱买马，并不是欺骗别人。"果然，不到一年时间，就有人送来了几匹千里马。燕昭王明白了故事的寓意，便拜郭隗为师，赐予他高官厚禄，并修筑了"黄金台"，作为招纳天下贤士人才的地方。没过多久，就有大批有识之士来到燕国。引进人才后，经过 20 多年的养精蓄锐，燕国逐渐强盛起来，终于打败了齐国，一雪前耻，夺回了曾经被占领的土地。

相比较燕国而言，合肥做的准备更加扎实，使用的措施更加多样化，领导善于决策、敢于开放创新，所以合肥才能有了多年之后的今天蓬勃发展的经济。

官员股权投资意识的培养不是一朝一夕之功，很多作为金融一线干部的市县金融办主任是轮岗过来任职的，本身也不是学金融或者财务专业，理工科专业的也少，对科技和投资管理一窍不通，对基金的术语 GP、LP 还需要理解好几遍，这类官员本着"在官一任、干完就跑"的理念，本职工作是不出事才好，而不是想干事、干成事、干大事。任人唯贤是市县主政官员对离金融投资距离最近官员的标准，再通过专业的学者型官员，邀请金融圈、投资圈、科技圈的知名人士作为外部培训顾问，对各级官员进行股权投资意识的启蒙和培养，才有可能使他们更清晰地认识到企业快速成长对于一个城市和一个集体带来的真正价值。

市场化产业引导基金团队真的好使吗？

懂了是什么并不难，精通并学以致用才是最难的。市县官员的股权投资意识培养出来，不一定就能培养出股权投资能力。投资能力不但要求有相关的科班出身，有审视过大批股权项目的丰富经验，更要有多年投资经验培养出来的投资逻辑，形成属于自己的投资思维方式和策略。"冰冻三尺，非一日之寒"，投资能力的提高并非一蹴而就。市县政府通过产业引导基金和直投基金塑造创新生态的手段可以多样化，其中一项就是招聘市场化团队来对基金进行管理。

市县政府通过市场化做法，引入市场机制，组织引导基金团队，对政府产业引导基金进行管理，有两种方式现在已经成为通行的做法。

第一种方式是通过招投标募集遴选母基金管理人，由政府委托管理。这种情况下，政府对遴选子基金管理人依然有一票否决权，主要是本着对国有资产保值增值和防止国有资产流失的原则，责任重大且终身负责。即使对受托人专业能力认可，也不敢放手一搏。很多券商子基金依靠自己的股东实力、储备项目、专业能力得到了母基金管理的资格。现实中，不发达地区的县级引导基金比较容易出现这类情况，一方面是因为招引人才比较困难，另一方面是完成返投要求比较困难。

第二种方式是通过社会化招聘，直接将市场化人才作为职业经理人招聘到地方国资里来，给予比较市场化的薪资激励，但是不给行政级别，避免又成为被政府职级束缚的角色。安徽、上海、广东等很多投资理念先进地区的市级引导基金已经开始用这种方式招揽人才。原因之一是经济形势下滑，大批基金募集困难，裁员也成为常态化操作，对工作稳定性要求较高的人才便退而求其次，找到匹配的国资基金，为其添砖加瓦；另一个原因是市场化基金团队的经验丰富，也有过在各地申报子基金管理人的经验教训，角色的转换更容易让定位明晰，在原有机构激励制度优厚的前提下，本身综合素质就有保障，能够快速将原来积累的大批社会资源和企业资源导入当地，事半功倍地解决当地基金的疑难问题。

职业经理人既然归属于地方国资，成为国企从业人员，就要遵守地方国资的规矩，也要清楚出资主体的属性和资金的附加诉求。既然是产业引导基金，市场化基金团队就要深刻领悟其精髓。不但要对优质的子基金管理人客观打分，也要删繁就简，找出子基金管理申报人的劣势，跟其明确政府产业引导基金的要求，告知奖惩的原则，并在合伙协议中作出细化的约定。

多数产业引导基金在子基金中是观察员身份，股权投资基金观察员岗位职责有：（1）根据经济发展形势提出合理的基金规划方案，负责相关项目的筹备；（2）建立有效的合作渠道并撰写拟合作报告，对合作的可行性进行分析；（3）负责投资阶段的报批、注册、登记等工作；（4）以公司代表的身份对基金进行投资管理与监督，维护好公司的权益；（5）按照公司和行业要求完成基金的备案等工作；（6）完成上级交办的其他相关事务。观察员岗位换句话说就是没有表决权，只有对违反大政方针的投资和一些违法违规的投资行为有否决权。另外就是在督办子基金管理人完成返投的进度方面，如果达不到协议的要求，有暂停出资或者要求尽快完成返投的权利。不过，本着负责任的态度，市场化团队还要对储备项目和落地项目作出专业的判断，这不是传统意义上的投后管理，而是穿透性的风控措施。在对子基金管理人定期上报的材料审查过程中，发现风险问题，应该及时向子基金管理人预警，必要的时候需要自行做调查，避免出现投资难以收回的风险。

市场化基金团队的优势除上述几条之外，还有就是可以通过在各县区的调研走访过程中，与当地官员对于股权投资市场的现状和企业本身的投资价值经常做交流，潜移默化地进行股权投资意识的普及。从而减少自身在被投项目落地中遇到的阻力，以及某些政府领导对行业和企业的偏见。知易行难，很多市场化基金团队无法融入当地政府官员群体，一方面是对中国的政治体制没有深入了解，另一方面也从未近距离了解当地官员的所知所想，或者不想去了解其对企业和基金的真实想法。这就会导致在基金运营过程中，存在磨合不足、交流不畅、所投项目不匹配等困难。目前，政府引导基金的思路也在转变，直投、领投和做S基金买老股一直是比较忌讳的操作。

在此之前，市县区母基金很少进行直投，主要是团队专业度不够，现在通过上述两种方式已经解决了这个问题，模式就需要进行改变。若完全不变，其弊端也将逐渐显现，主要表现在基金运营远离市场一线操作，作为 LP 没有太多的市场话语权、风险规避权、资产掌控权、退出指令权，最终容易使"委托代理"机制和职业经理人机制失灵。再往深层次讲，如果不能通过"直投"锻炼队伍，始终培养不出自己的团队，而投资策略的制定和投资方法论的提炼需要从实战中来。由此看来，引导基金参与直投，未来将逐渐成为一种趋势，通过母基金直投，能够更直接更有效地实现政府基金的精准引导、直接获益。

市县国有投资机构对被投企业较少领投的原因是对例行审计而言，领投是确定被投企业估值的重要角色，在审计看来，被投企业的评估是很难认定为公允的，尤其是对早期企业和未能实现盈利的企业。投资模型的 DCF 和可比法都会遭遇质疑，为什么被投企业估值是 10 亿而不是 9.8 亿，投资金额为什么锁定在 5 000 万而不是 4 500 万。在市场化投资团队看来都不是问题的问题，已经成为困扰地方国资基金多年的撒手锏。这有点像在孙悟空旁边念咒的唐僧，要不断提醒你要防止出现道德和法律风险。更不得了的是终身追责制度，更要慎重决策。

做 S 基金买老股，可以摊薄投资成本，拉高投资安全边际，降低投资风险。其中，最大的问题也是审计和纪检监察，老股的卖方要么是创始团队，要么是曾经入股的基金和自然人，无论是哪类老股东转让，都涉及对价公允的问题。也就是说，其中可能会出现法律风险，跟上面的领投一样，估值和投资额为什么是这个数字，而不是另外一个数字，操作的时候跟卖方有没有公私分明，会不会在公对公交易之后有私人的感谢，这些都是让地方国资基金对买老股望而却步的原因。市场化团队在政府未有相关政策出台时，买老股也是一片禁地，能不碰便不碰。

基于上述优势，各市县产业引导基金都可以尝试转变，用更加符合市场趋势的团队来管理政府的基金，专业的事情交给专业的人来做。这样既能体现政府的互补性和包容性，又能提升团队整体的综合素质，有助于政府领导打开眼界，更轻松地完成资源导入和企业引进。说白了，市场化团队招聘并不难突破，激励机制也很容易制定，难以突破的是市县地方的相关制度和机制，这也跟国有体制和考核机制有关，假以时日，才能突破。

第四章

"新三农"投资空间

农村地区接触新事物少，但并不代表接受新事物慢，只是缺少新思想、新理念的引导。农村广阔天地，承载着大批发展新模式的"土壤"。如今，农民群体在生活水平日益提高的同时，接触了短视频等新兴媒体，在资本和媒体的加持下，也进一步享受到新时代的红利。

"强国必先强农，农强方能国强"，有关"三农"的事都是可以推广开来的大事，需要主政官员发挥聪明才智，助推打造新兴的商业生态系统，真心为老百姓服务，发掘能够让所有参与者共赢共富的路径。

现代农业是投资的绝佳土壤

　　习近平总书记说过:"中国人的饭碗任何时候都要牢牢端在自己手中,我们的饭碗应该主要装中国粮。""决不能在吃饭这一基本生存问题上让别人卡住我们的脖子。""对粮食安全不能有丝毫松懈。"粮食安全的重要性不言而喻,第一产业对于各国人民生产生活都有不可替代的作用,现代农业的投资机会不能错过。世界在推进农业现代化的过程中,出现了两种有代表性的参考模式:一种是人少地多的美国模式,另一种是人多地少的日本模式(包括韩国等)。无论哪种模式,农业现代化起步时期的共同特点是:人均 GDP 水平较高,达到 10 000 美元以上;农业增加值的比重很小,在 30% 以下;农业劳动力的比重较高,在 30% 以上；农产品商品率低，在 40% 左右。2022 年我国人均 GDP 达到 8.57 万元，折合美元为 1.27 万美元，已经基本具备现代农业的发展条件。

我国原国家科学技术委员会发布的中国农业科学技术政策，对现代农业的内涵分为三个领域来表述：产前领域，包括农业机械、化肥、水利、农药、地膜等领域；产中领域，包括种植业（含种子产业）、林业、畜牧业（含饲料生产）和水产业；产后领域，包括农产品产后加工、储藏、运输、营销及进出口贸易技术等。宽口径的现代农业囊括了农林牧渔，现代农业是相对于传统农业而言的，用科学技术对农业的生产方式进行改良，通过工业化机械的应用、智能化工具的改造和数字化的辅助种植养殖，增收增产，提高生产效率。

"民以食为天"，中央文件每年的一号文件都关注"三农"问题，每年的扶持力度不断在加大。市县级领导把农业放在第一位，很多领导没有意识到现代农业也是投资的重点方向。在此列举几个可以作为投资标的的细分行业：

第一，农业中的种业。它属于高科技研发领域的明珠，上市的登海种业等都是国内业界翘楚。央企在国际上的并购也层出不穷，2016 年，中国中化重组收购种业巨头先正达，四分之三左右是以农药为核心的农化业务，其他部分是包括转基因种子在内的种子业务，先正达已经在国内 IPO 过会，估值超过

3 000 亿，拟募资 650 亿。

第二，猪肉养殖行业。猪肉消费占我国肉类消费的一半以上，生猪价格关系国计民生，市场容量很高，不过在投资过程中需要平滑"猪周期"带来的风险。2021 年 1 月 8 日在大连商品交易所上市的生猪期货较好地平衡了风险。如今，中粮集团、牧原股份等生猪养殖的龙头企业早就完成了传统养猪向工业化养猪的转变，对环保、屠宰等问题也都有效地解决，稳定生猪养殖收益，让生猪养殖变成市县农投公司敢于投资的产业。

第三，有机蔬菜水果种植行业。居民消费水平的提高，对绿色农业产出的优质农产品会给出高溢价，超大城市群带来的是超大量的蔬菜水果消耗，必须有稳定可靠的种植产地供应。种植地区的污水灌溉和土壤污染让蔬菜水果出现了各种不同程度的农药残留超标问题，绿色环保有机的产品大受欢迎，前期土地和水等需要政府下大力气进行污染整治，测算好投入产出比，生产出放心的蔬菜水果，也能收到较高的投资收益。新型设施的应用也可以提高有机蔬菜水果的供给，把高科技的智能设备装在农业种植大棚里，可以使大棚实现智能恒温、合理光照、通风换气，节省人工和能源，又能得到优质的农产品。

第四，林业草业及碳汇市场。森林作为陆地生态系统的主体，具有吸收并固定 CO_2 的碳汇功能。根据我国碳达峰碳中和目标及相关规划"到 2025 年森林覆盖率将达到 24.1%，到

2030年森林覆盖率达到25%左右,未来十年造林1 881.6万公顷"。目前以新造林4.42吨/公顷每年净碳汇量计算,新造林每年可增汇8 317万吨,按照2023年9月全国平均碳配额交易价格70元/吨计算,新造林每年可产生碳汇价值约60亿元。碳汇价格不断上涨,在林草买卖的附属品碳汇层面,市县投资后也会带来长期稳定收益。

除了上述比较直接的农业之外,服务于农业的科技企业也有不少可以投资的优质标的,比如商业航天卫星类企业。遥感卫星的实时监测可以给农业赋能,利用遥感卫星对牧草长势、海洋鱼群游弋线路、森林火灾预警、林木病虫害风险预测、草场退化和"非粮化"破坏的检测都是商业航天能够带来的现代农业服务。遥感卫星服务企业的应用场景广阔,资本市场对商业航天公司的估值都比较高,如果在早期能够投资进场,对市县国有投资机构而言,会是不错的选择。

植保无人机有大疆等知名企业在研发销售,有大批农业上市公司在参与运营管理,植保无人机喷洒农药和种子,可以在农药减量、农业节本增效、应急救灾、保障粮食安全等方面提升工作效率。目前,在飞行控制、超低空施药等技术和产业化水平上,我国的植保无人机已居世界领先地位,在设定的程序控制和飞手的控制下,植保无人机能够更好地完成指定任务。此外,农机补贴政策升级和无人机智能化发展应用也让未来植保无人机的应用变得更有吸引力，社会资本的大批介入能让市县国有机构可以选择头部企业来投资。

农业生态智能循环农场在中大型农业资源匮乏城市也是非常值得投资的。笔者见过的由国内自主研发，欧盟认证的科技企业，用"基金＋政府平台＋项目公司"的出资模式，将"数字化养殖循环水系统"与"鱼菜共生智能系统"成功糅合于一体的智能农业园。通过计算机和互联网技术实现全程可控、可预、可追溯，生产全程数字可控，生产数据与环境数据实时上传云端后台。生产每公斤鱼类的水资源消耗量是传统方式的2%，单位面积的蔬菜产量是土地种植的6到20倍；平均仅消耗0.5立方米水和1平方米土地可满足一个成年人全年的食物需求，将为国家节约大量的耕地与水资源。"室内外联动，分阶段接力养殖，反季节生产"，新能源与现代农业的互惠协作，推动行业及产业模式创新。利用100余亩土地，将整个项目区分为冷水鱼菜工厂区、温水鱼菜工厂及科研区、度假村三大区块；实现品种和技术研发、技术服务和培训、物联网控制、配肥输送、育苗供应、品种和技术示范、水产养殖、蔬菜生产加工和暂存销售、休闲旅游等多种功能。类似这种投资标的特别适合市县国有投资机构出面，既能保证"菜篮子"工程，又能有确定的投资收益，还能成立合资公司分取利润，属于现代农业创新企业中的翘楚。

现代农业属于科技集成的终端产业，就像制造整车一样，高科技成果都展现在一台车上，科技只有应用才能拿到大数据，才能做到收集、分析和提升，衍生产品都是在应用场景中获得的，这也是为什么大中院校的实验室出现不了接地气产品的原因。只有以营利为目的的企业才有动力去迎合市场，拥抱市场，才能把产品应用于终端，并不断在应用中更新迭代，推动技术和产业的同步升级。

农村不是不毛之地，村村都有属于自己的机遇

《地理标志产品保护规定》经 2005 年 5 月 16 日国家质量监督检验检疫总局局务会议审议通过，据国家知识产权局统计，截至 2022 年 10 月，中国累计批准地理标志产品 2 495 个，核准地理标志作为集体商标、证明商标注册 7 013 件。2021 年，地理标志产品直接产值突破 7 000 亿元。国家地理标志产品指以国家知识产权局认定的地理标志为对象，对国内地理标志保护起示范、引领、推广作用的产品。地理标志产品是指产自特定地域，所具有的质量、声誉或其他特性本质上取决于该产地的自然因素和人文因素，经审核批准以地理名称进行命名的产品。

地理标志产品要符合两个条件：(1)来自该地区的种植、养殖产品。(2)原材料全部来自该地区或部分来自其他地区，并在该地区按照特定工艺生产和加工的产品。

农村跟第一产业有天然的黏性，种植并非都是靠天吃饭且经常吃不饱饭的产业。每个省都有地理标志农产品，比如基于多年品牌积累的黑龙江五常大米，云南普洱的普洱茶和新经济作物牛油果种植，海南的椰子以及网红产品椰树椰汁，河北唐山迁西的板栗，还有河南信阳毛尖等，靠着数百年以至上千年的口碑形成约定俗成的认知。这些地理标志产品能够带动当地特色农产品畅销国内外，并且原来产品质量良莠不齐、充斥假冒伪劣的市场环境，也随着监管的科技手段和各项法律制度惩罚措施的不断加强，通过追根溯源的条码以及直销渠道的可靠性建设，让真实可口的地理标志类农产品到达老百姓的手里。

地理标志产品是市县能够向全国乃至全球推广的抓手，不过也存在着诸多问题，包括附加值没有充分挖掘，市场营销意识不强导致的产品价格较低；对外宣传时与其他地区的地理标志产品差异度不够，降低了地理标志产品的品牌认知度；很多产品处于比较初级的阶段，没有进行深加工，附加值并不高。另外，还存在产品扩产困难、产能有限的劣势，因此也会有一些假冒地理标志产品的情况发生，产品质量无法保证，损害了地理标志产品的品牌形象。对此，市县应该加大地理标志产品标准的认定和监督，保质保量地完成产品下游交割，维护住当地的地理标志产品品牌形象，投入大量公共资源将品牌做大做强。同时，在确定地理标志产品的生产半径后，加大对土壤的环保治理，扩大地理标志产品的产地，提升市场供应量。同时，推广溯源条码系统，对每一个产品都追根溯源，树立品牌在消费者心中的形象，也要下功夫打击假冒伪劣的地理标志产品，维护当地的利益。

地理标志产品能够衍生出整条产业链。比如：通过地理标志产品博览会的形式，发展会展经济，与全球各地进行产品交流和经验学习；地理标志产品往往有悠久的历史，有传承下来的人文内涵，市县可以聘请旅游集团为市县着力打造和开发旅游线路，提炼编制历史文化故事，吸引游客，提升区域知名度，刺激当地消费；通过对相关产品进行深加工，避免只为市场提供初级产品，可以发展当地的第二产业，促进产品转型升级。

除此之外，还有因为中国经济的飞速发展而产生的新的产业链机会，"菜篮子"工程一直是国家非常重视的民生工程，因此崛起的大批企业可以成为市县国有投资机构的优质标的。比如，北方京津冀超大城市群带来的人口"吃饭问题"，就非常需要山东寿光等地的蔬菜。山东属于农业大省，寿光因为重视农业大棚技术的革新和普及，加上地理位置优越，山东的高速公路发达等综合原因，脱颖而出成为供应京津居民蔬菜的主要产地。而且，通过集团式扩张，当地政府在政策和资金上大力支持，在全国都开始铺设生产基地，以居民必需蔬菜品类作为托底保收入的基础，大力种植更具附加值的经济作物，满足人民生活水平增长，消费多元化的需求。先进带动后进，寿光蔬菜企业看中的各个省村镇，也都靠着蔬菜种植走向了小康。生活变好了，人们吃菜比吃肉还多，而且蔬菜的价格也开始向肉价靠拢，有的特色蔬菜比肉价还要贵。"食"作为第一产业的消费升级，通过技术突破和管理范围递增终于实现了。市县投资机构既然在补贴和政策上都予以支持，不如通过资本的手段成为股东。估值合理的情况下，"现金奶牛"的地位也会更加稳固，市县国有投资机构在蔬菜公司实现上市后还能得到优异的投资回报。

采购当地农产品不一定是为了就地取材，降低物流成本，更是为了传承一些重要配方和历史经验。贵州当地流传一个说法——贵州有"两个瓶"，一个是茅台，另一个是老干妈。在1996年，"老干妈"创始人陶华碧在贵州南明区云关村村委会的两间房子里办起了食品加工厂，招了40多位工人，带动了乡村经济的发展。随着"国民下饭神器""老干妈"辣酱在国内外卖量大增，老干妈陶华碧也提出了"我有多少钱就做多少，不要贷款、不要参股、不融资、不上市，实实在在地、脚踏实地地打下一片'铁江山'来"，陈旧的资本理念让"老干妈"在快速成长期错过了上市融资的最佳窗口。在"老干妈"成为全球畅销品牌后,老干妈陶华碧也开始放权,不过事与愿违,其次子李妙行想出了幺蛾子,把"老干妈"此前原料中的更香、更辣的贵州辣椒,改用成了价格低廉、品质却相差甚远的北方辣椒。品质下滑让"老干妈"出现了品牌危机,再加上调味品的利润率一直很高,"老干妈"辣酱的竞争对手开始"趁你病,要你命",大批的创新品牌、网红品牌出现,比如饭扫光、虎邦等。"老干妈"终于意识到自己因为市场占有率过高而看到的"辣酱蓝海",如今彻底变成了十多家品牌兵戎相见的"红海",国内外市场都开始被蚕食鲸吞。后来又出现了疑似配方泄露事件,制造工厂也失火了两次,最后演变成陶华碧亲自直播带货也没有让"老干妈"重回巅峰的惨烈后果。

每个村都有能人,每个村都可以有自己的特色经济,每个村都有脱贫致富的机遇。村里的特色不管是地理标志产品还是经济作物,不管是顺理成章推进第二产业加工厂,还是通过品牌加持增加更高的附加值,关键的一点在于市县政府的关注和指导,市县企业要能够发现能人、重点扶持能人,利用银行贷款和供应链金融的扶持,帮助解决企业现金流紧张的问题。这样不但可以快速增加农村就业人员,还可以带动周边农产品的种植产业兴旺,提高农民的可支配收入。通过对"老干妈"这类家族企业的管理培训,市县政府要尽量帮助其建立现代企制度，加快走资本市场道路，对家族企业的接班人也要帮助其提升管理水平和产业认知，避免其在企业发展过程中犯低级错误，避免企业走更多的弯路。这样，在不干涉企业经营管理的前提下，给企业的实际控制人和骨干赋能，给企业产品的销路和供应链赋能，不仅能够帮助企业走出困境，更有可能让企业走进辉煌。

农民富裕才能实现共同富裕

改革开放以来，城乡之间根据分工原则，发展变得越来越不平衡，城市主要提供非农产品、非农服务与非农的就业机会，而农村则主要以开展农业生产活动、提供农产品与服务为功能。城乡一体化理念兴起，主要就是要让城市和农村相互融合，在优化和互补的同时实现经济效益的平衡，形成完整的经济发展共同体。据相关数据显示，中国的城镇化率是64.72%，城镇化率最高的深圳几乎达到了100%，各市县也大多让郊区村民在县城买了房子。

市县日子并不好过，许多城市是负债累累谋求发展。截至2023年10月，全国城市投资负债总额已超过65万亿元，占到了我们国家每年 GDP 总量的一半。另据农业农村部抽样调查显示，截至 2019 年上半年，在全国 70 万个行政村中，村级债务总额已达到 9 000 亿元，村级组织平均负债达 130 万元。从多地调研来看，村级债务主要来源有三类。一部分是税费改革前形成的旧村级债务；而新村级债务的形成主要是村级组织依靠举债维持发展秩序的结果，可以分为建设性债务和经营性债务，其中建设性债务是大头[1]。

举两个极端的例子。一个是一朝成名天下知，又因为战略失误和管理不善导致风光不再的江苏无锡华西村。2023 年，曾经号称"天下第一村"的华西村实力强劲，在老书记吴仁宝离世后，如今村里管理开始变得无序，村集体在房地产的道路上越走越远，工厂效益变得越来越差，经济发展规模大不如前。网上出现了很多华西村的负面新闻，村民纷纷表示要"逃离华西村"，村集体也开始变得负债前行了。另外一个是享受了城市发展红利的广州猎德村。30 年前，广州市整体改造村落，猎德村村民在珠江新城都分到了很多套回迁房，一夜间资产暴增数千万元。猎德村的区位优势是位于广州核心区，数十年房价的上涨也让大批回迁农民分享了经济发展的"大蛋糕"。华西村和猎德村，一个属于村领导高瞻远瞩、敢想敢干，在改革开放带

---

[1] 夏冬：《村级组织平均负债 130 万 "小村大债"如何化解》，《红星评论》公众号 2023 年 9 月 5 日。

来的时代红利面前，分到了第一杯羹；另外一个属于"躺赢"，超大城市群的建设没有猎德村也有别的村会享受这份红利。然而，并非每个村都这么好运，好领导和好政策都是"时也命也运也"。2023年7月21日，国务院常务会议审议通过《关于在超大特大城市积极稳步推进城中村改造的指导意见》，大拆大建的更新模式现阶段难以为继，只是对城中村没有实现现代化的设施进行改造，虽然也能有万亿资金规模的投入，但是靠拆迁造福已经变成了过去式。

在北京、深圳等地，村干部的权力在当地可以说是相当大的，涉及土地拆迁、城中村改造，假如没有得到村干部的认可，即使是央企也很难动得了工程。在西南地区，大量的锂辉石矿等矿产资源无法进行开采，也是因为各地区的村干部对采矿持不同意见，相关企业也不敢因为矿的问题折腾出群体性事件，尤其是有些村还是少数民族居多，更不能轻易地越过村集体去动工利益巨大、盘根错节的工程。反腐"打老虎、拍苍蝇"，说的是拍这些违法乱纪的村干部。实际上，大批贪污受贿、虚报补贴金、侵吞补偿费、违规占地、违规招投标、侵占挪用公款、贪污集体款、私分互助金、冒领扶贫款等做法已经让表面看着官职不大的村干部，实实在在地从苍蝇吃成一只"虎蝇"了。

降负债、除腐败、找产业，村里面临的问题也是市县面临的问题，再下沉一层，乡镇对村里出现的问题也不能不管不问。

乡镇政府作为农村基层政权组织，搭好数十个、上百个村的管理结构尤为重要。农民富裕的前提是要在农业补贴和种植收入加起来能够覆盖农民的生活成本，并且形成较大的盈余，才有资金去修缮房屋，购买大件消费品。

"火车跑得快，全靠车头带。"村集体的智慧要发挥出来，更需要有优秀的带头人。虽然不一定有吴仁宝这样的村里土生土长的"能人"出现，但依靠国家在党的十七大以来实行的大学生村官政策，通过大学生的文化素养和对市场新兴传播风向、渠道的敏感度，可以带领村民的思想意识转变，也能搞出有特色的创新创业。为人称道的耶鲁大学高才生秦玥飞，放弃百万年薪学成回国后到了湖南衡山县贺家山村当"村官"，开展"黑土麦田公益"活动，不顾外界的流言蜚语，依然一心扎根在农村现代化建设的基层。他说，带领中国的新农村致富，才是他最终的目标。在我国目前的制度设计中，村官虽然没有编制，但是当几年村官，按照政策可以为以后考公务员、事业单位等公职考试奠定良好的基础，也会被有关部门列为优先录取的行业。留任、升迁、创业、考研都是村官们未来的选择，笔者相信会有越来越多的有志青年到农村去，像当年上山下乡一样，到最艰苦的地方去，有一腔热血，才能带领农民共同富裕。

企业是让农民走向富裕的支撑点。改革开放初期，乡镇企业如雨后春笋般冒了出来，这也说明农民不是没有开放的思想，宽松的营商环境以及政策的支持显得更为重要。第一批民营企业家能够功成名就持续经营的所剩无几，鲁冠球创办的万向集团算是集团化经营的优秀案例。无论是乡镇企业还是村集体企业，只要摸对了时代的脉搏，依托本身具备的资源优势、地理优势和人才优势，就能作为产业链上不可或缺的一环来实现农民生活的富裕。长三角村村有企业，当初大批的小作坊如今都变成了大大小小的工厂；福建省村村都能够有一些产业，比如海运贸易、鞋帽生意、隧道工程等。有企业在，农民就能就近就业，一家一户有一到两个在企业工作的农民，意味着就可以过上不错的生活。当地有税源，就能提供更多的财政收入，可以用来对农村公共服务设施进行改造，兑现对农民的各种补贴，相辅相成，共生共赢。

农村基础设施建设不仅会在生活品质上交给农民满意的答卷，在拉动当地 GDP 上，也起到至关重要的作用。"要想富，先修路"，朴实的标语让记忆瞬间回到了几十年前，交通带来的便利是用缩短的时间来拉近空间的距离，现在不只是普通公路，还有随处可见的高速公路，里程世界第一的高铁，不断增设的通用机场。交通设施的完备带来的是效率的提升，以及当地对外界的吸引力。笔者做投资银行工作时，到没有高铁的地方出差，一个地方一天只能办一两件事。到长三角地区，一小时到两小时之间可以辗转多个城市，一天之内能够完成多件事情。交通红利最明显的是给房子位于路边的农民创造了汽车维修、住店、餐饮等机会，有可能成为村子里最先富起来的那一批人。

习近平总书记指出："我们说的共同富裕是全体人民共同富裕，是人民群众物质生活和精神生活都富裕，不是少数人的富裕，也不是整齐划一的平均主义。"市县要严格执行中央和省里的政策，因地制宜，让农民找到适合自己的工作，发掘出自身的优势。自己富裕了，共同富裕就少了一分压力，多了一分贡献。

村超、村 BA 带来的乡村振兴机遇

2023 年第 6 期《求是》杂志发表的习近平总书记重要文章《加快建设农业强国　推进农业农村现代化》指出："要把'土特产'这 3 个字琢磨透。"笔者的理解是，乡村振兴需要有乡土味，需要有特色，需要产业集群。

乡土气息十足、有民族特色、打造文化产业集群的文化乡村振兴板块，可以成为 2023 年乃至以后市县政府的主要工作之一，也是重点投资项目。体育无国界，音乐无国界，文化无国

界。"文化搭台，经济唱戏"也同样适用于乡村振兴工作。

2023年夏天，火出圈的贵州"村超"，全称为贵州榕江（三宝侗寨）和美乡村足球超级联赛，是一项由当地20支村级球队组队竞争总冠军的赛事，球员都是来自各行各业的村民，有开挖掘机的、当老师的、卖卷粉的，穿着民族服饰，带着地方民族特产，凭借对体育激情四射的热爱之情，强势出圈。"村超"自2023年5月13日打响揭幕战至7月29日决出总冠军，短短两个多月的时间里，其相关内容全网浏览量超300亿次，堪称是现象级也是中国足球史上的奇迹。在爆火之后，周边产品成为热销的网红产品，所在地榕江也成为夏天最火的网红打卡地，成功将这条旅游线路用体育打出了名堂，用"村超"的标签闯出一条乡村振兴的特色道路。

无独有偶，由贵州省台盘村"六月六"吃新节篮球赛发展而来的赛事"村BA"也同步被带火。在2022年"吃新节"篮球赛期间，台盘村接待游客40万人次，实现旅游综合收入2100多万元，远远超过了策划者和当地市县的预期。经过媒体的发酵和助力，"村BA"如星星之火，迅速燎原，"捅窟窿村乔丹""杨梅桥村詹姆斯""夏天村奥尼尔"这些中西结合的乡村篮球明星夺人眼球。2023年8月2日，全国和美乡村篮球大赛（村BA）东北赛区揭幕战在天津市蓟州区郭家沟村正式开赛。自北京、天津、河北、辽宁、吉林、黑龙江、江苏、山东8个省（市）

的 16 支代表队共计 500 余人，在 8 月 2 日至 6 日 5 天的赛程里参与小组循环赛、淘汰赛、决赛。最终赛区前两名入围全国总决赛。8 月 27 日，全国和美乡村篮球大赛（村 BA）西北赛区的比赛在宁夏固原市西吉县吉强镇团结村篮球公园和宁夏固原市原州区中河乡中河村励志篮球俱乐部进行，来自山西、内蒙古、河南、湖北、陕西、甘肃、新疆、青海、宁夏 9 省（区）的 18 支代表队展开激烈角逐，前两名参加全国总决赛。最终，2022—2023 年度比赛中，黔东南州代表队以 68∶65 战胜遵义市代表队。

国家体育总局、文化和旅游部等十二部委发布的《关于推进体育助力乡村振兴工作的指导意见》明确提出，以体育丰富乡村文化，让乡风更文明；推动乡村体育活动开展，弘扬优秀农耕文化，提升农民文明素养，推动乡风文明建设。打造"体育赛事＋乡村旅游＋传统文化＋全民健身"多元融合发展的品牌体育赛事活动，推动体育与农业、商业、旅游等产业深度融合，为乡村经济赋能。民族的就是世界的，体育本来就是世界人民的运动。足球和篮球作为代表性的两个大球类运动，国家队一直未能冲到世界巅峰，出乎意料的是能够通过民间的文化传播打出了全国乃至全球知名度，也让全国农村都开始注重体育文化建设，给未来生活带来更多的可能。乡村振兴需要另辟蹊径，民族的地方的特色都可以通过体育、音乐等文化传播到世界的各个角落。眼球经济带来的不仅仅是注意力的吸引，由此带来的广告冠名、周边产品开发、旅游线路设定、音乐舞蹈演员的倾情加入，甚至还能带来当地体育设施的全面升级改造，为当地人民的体育锻炼提供更优越的条件。

当地市县政府可以在体育振兴乡村上做文章，敢于创新，敢于投入。根据《体育赛事活动管理办法》，除申办国际体育赛事活动、举办需要行政许可的体育赛事活动外，国家体育总局对体育赛事活动一律不作审批，这样就可以灵活地开展体育赛事活动。在这些体育赛事开始风风火火的时候，各地开发更多的竞技类游戏类比赛。比如新疆乌鲁木齐市米东区举办的丰收节，有稻田激光秀比赛，体验割稻、捉螃蟹等地方农活儿项目，虽然不是传统的体育比赛，也能够把运动员们的身体素质和平时的训练都发挥得淋漓尽致。这次比赛的奖品也非常接地气，丰收节里打赢的选手，获得的奖品是一头牛、一只羊，还有蟹、虾、鱼、蛋、菜大礼盒等，现场还有"化了妆"的牛羊巡街、观众互动"猜盲盒"赢奖品环节，极大地丰富了人民的业余生活，用实际行动支持国家体育事业的发展，聚拢了人气就能聚拢财气，当地农产品和民族特色文化的输出也有了突飞猛进的发展。实现体育和民族文化的融合，坚持挖掘特色文化的各种可操作性，打造属于当地的"体育文化名片"。

音乐拉动消费的作用也不可小觑。据文旅天津消息，2023 年

9月7日至10日,"周杰伦嘉年华世界巡回演唱会天津站"在天津奥林匹克中心举办。据携程平台数据显示,演唱会总计观众人数18.5万人次,其中本地观众占比38%,外地观众占比62%,累计综合消费带动超过30亿元。数据显示,9月6日至11日,天津整体旅游订单数量环比前一周增长11.7%,旅游人次环比前一周增长8.57%,订单金额环比前一周增长35.3%。周杰伦作为歌坛实力唱将,名噪一时的歌手,带来的轰动效应是非常明显的。在大城市举办,缘于大城市有能够承接大型演唱会的演出设备和场馆设施,大城市也有大批可以购买门票的歌迷,保证了一定量的销售比例。然而,自从"村超"和"村BA"火爆之后,乡村演唱会也成为大批投资蜂拥追逐的对象,如湖北省"万企兴万村"乡村振兴音乐会、广东深圳的"点亮百行百业、助力乡村振兴""早安深圳乡村振兴群星演唱会"等。如火如荼的乡村演唱会在让更多的基层群众享受到文化盛宴的同时,也促进了更多的人员流动,从而衍生出衣食住行的消费剧增场面。

文化的力量更为深沉,也更加长远。文化赋能乡村振兴还应该包括对乡村图书馆的修建和乡村小学的修建上。图书馆里不仅有给学生们阅读开阔眼界的课外读物,还有让农民阅读提升农业知识和文化水平的各类图书。在通过各类政策提高农民收入的前提下,丰富农民的精神生活也是乡村振兴的一部分,为乡村振兴升级和城市产业导入积攒和培养当地的可用之才。乡村小学能让下一代有更美好的未来，能够让农民有更多的人才输出，也能在将他们培养成材的时候有机会报效家乡。

市县级政府不缺跨界的人才，其中策划能力至关重要。策划要整市整县设计，不能留死角，全市县一盘棋，活动也要结合得丝丝入扣。要大胆引入社会资本，邀请当地企业和全国知名企业深度参与，在场地广告和奖品赞助上给予参与企业最大的实惠，市场化的赛事就要市场化举办。只要做到了市场化运作，不是靠补贴和扶持，而是靠体育项目本身的魅力来打动观众和赞助企业，不需要政府出多少资金，也能成功地举办一批跨界的活动。跨界的才是最吸引眼球的，茅台可以有酱香型咖啡、住宿的酱香大床房、酱香酒心巧克力等特色产品，由此，自然也可以延伸出有非专业运动员玩转奥运会比赛系列的稻田皮划艇赛、稻田排球赛等。改变传统认知的比赛方式，将传统的参赛运动员转换为普通老百姓，加上各种媒体的宣传策划，就会出现跨界的碰撞。过去像城市马拉松比赛等各种比赛，都需要政府组织人力、物力加上补贴才能成功举办，现在组织跨界类型的活动除了可以博眼球之外，还能增加市县政府组织与当地人民群众的配合度和亲密度，维护当地社会稳定。

市县组织举办各类活动带来的经济效益和社会效益都是立竿见影的。通过具有当地特色的文化体育乡村振兴活动，更多的是给老百姓们带来人文关怀，培养他们良好的体育锻炼习惯和文娱活动爱好。投资的是人文，投资的是安居乐业，投资的是政通人和，让人民群众体会到在社会主义社会中得到的价值观认可和对各种生活的满足。

第五章

市县新能源与绿色经济投资机遇

新能源作为我们这代人能够见证的"能源革命",不但能够减缓全球变暖,还能让新的增长动力赋能经济高质量发展。市县作为新能源工厂落地的区域,同时也是新能源落地生根的应用场景。

抓住先机的市县能够吃到第一波红利。找到契机能够让发展壮大的新能源企业入驻的市县,主要靠消纳能力、工业基础、区域位置等来吸引新能源公司落地。新能源的市场是全球化的,找到"链主",辖区内的新能源企业才能走向世界,增收创汇。

"双碳"带来的能源管理投资热潮

2020年9月22日,习近平主席在第75届联合国大会一般性辩论上宣布:"中国将提高国家自主贡献力度,采取更加有力的政策和措施,二氧化碳排放力争于2030年前达到峰值,努力争取2060年前实现碳中和。"我国是全球最大的碳排放和能源消费主体,加速推动"碳中和"助力我国树立负责任大国形象,"碳中和"也并不像很多人想的那样,是对经济发展的限制,新兴的一些产业反而成为经济腾飞的助推力。

智慧能源管理(Smart Energy Management)是一种利用信息技术来提高能源效率,减少能源浪费和控制能源成本的方法。智慧能源管理系统(Smart Energy Management System,简称

SEMS)，一般包含对水、电、气、冷热能源使用状况管理，及现场压力、温湿度、视觉影像、生物识别等参数实行集中监测、管理和分散控制，该系统融合了电力电子技术、嵌入式系统、现场通信技术、数据库技术、Web技术、移动技术、海量数据处理技术、CIS及BIS等许多种高新技术，属于一体化的数据采集监控管理方案，是对高耗能企业和公共管理区域改造的有效手段，可以显著降低总能耗和碳排放。智慧能源管理有四大细分市场，分别是工厂能源管理系统（FEMS）、社区能源管理系统（CEMS）、楼宇能源管理系统（BEMS）、家庭能源管理系统（HEMS）。数据显示，2022年我国能源管理相关产品市场结构情况为：HEMS占比3.7%、BEMS占比31.5%、CEMS占比12.0%、FEMS占比43.7%，其他系统配套产品占比9.1%。

其中，工厂能源管理系统，也称为合同能源管理，应用比较广泛。即通过能源服务合同为客户提供能源诊断、方案设计、技术选择、项目融资、设备采购、安装调试、运行维护、人员培训、节能量监测、节能量跟踪等一整套的系统化服务；在合同期节能服务公司（EMC）与企业分享节能效益，EMC由此得到应回收的投资和合理的利润；合同结束后，高效的设备和节能效益全部归客户所有。据统计，2022年国内合同能源管理项目投资额约为1 097.8亿元，其行业的兴起源于我国第二产业的占比较高，大批高耗能的制造业企业如钢厂、玻璃厂、水泥厂等密布在各个市县，很多工厂设备和能源管理都比较落后。在不耽误生产工作的情况下，还要满足市县节能减排指标的需求，节能改造是保证企业效率和工人就业率不停摆的首要选择。为此，2022年2月，国家发展改革委联合十二部委印发《关于印发促进工业经济平稳增长的若干政策的通知》提出，整合差别电价、阶梯电价、惩罚性电价等差别化电价政策，建立统一的高耗能行业阶梯电价制度；《关于进一步深化燃煤发电上网电价市场化改革的通知》《关于做好2023年电力中长期合同签订履约工作的通知》均明确指出高耗能企业市场交易价格不受燃煤基准价上浮20%的限制，企业用电成本或将大幅增加。

随着我国电力市场化改革推进和"双碳"形势下，节能降耗要求持续加强，促使监管部门加强对高耗能企业的能源使用监督，此类企业也开始自主加强能源管理能力，提高对智慧能源管理、微电网的认知和接受程度。工厂能源管理系统的应用，不仅可以对全国的能源进行统一调度，优化能源资源配置，还能减少污染排放，降低单位产品能耗，提高环保质量，提高劳动生产率等。该系统在事前生产风险防控和预测方面，也有显著的效果，可以通过智能化改造重新制定更优化的事故预案、快速分析事故原因并及时判断处理，也能对能源供需平衡作出预判，在数据全面的基础上，进行能源计划的编制、能源质量管理、能源系统预测和能源实绩考核分析。

东南沿海城市面临用电紧张的情况，首先保证居民用电，不少企业因此拉闸限电，停工停产，造成了很大的经济损失。尽管电网增容扩容力度加大，速度还是跟不上，需要有组合拳打出来，智慧能源管理就是一记重拳。具体到能源管理步骤，可以分为四个方面。第一，增加智能控制设备，对原有工厂布局不做大的改动。能源管理企业可以通过物联网布局为动力设备进行在线故障诊断、能效分析、自动报表、负荷检测等全方位服务，根据数据收集和分析，给出以中央计算机和工业可编程控制器与全局节能优化算法相结合的群控系统解决方案。在电机电控方面，根据工艺特点，根据实际需求的流量和扬程，增加变频智能控制功能，以达到迅速降低能耗的效果。第二，可以替换原有的设备，换成节能降耗的设备。定制空气压缩系统、热泵热水系统、智能照明系统，将提升设备智能化程度、优化管理控制系统、精细运维相结合，大幅提升空压系统运行效率，利用峰谷电差或冷热联产进行系统优化设计，大幅降低照明电耗和散失热量，实现降本增效。第三，增加高效节能回收设备。可以设计制造定制化的蒸汽系统，在蒸汽产生、输送、疏水、凝结水等各环节精细化管理全方位降低运行费用；建造免费的供冷、供热动力回收系统，利用自然冷源在冬季或过渡季节免费供冷，利用余热和废热提供免费供热，极大地降低能源消耗。工厂能源管理可以极大地提升动力系统效率，建立以数据为依据的设备智能保养，有效利用废热和废气，实现高效能源供给。第四，为企业提供新能源使用策略，系统根据企业用电负荷特点，配置包括分布式光伏、储能等方式扩展用电容量，削峰填谷优化用能策略，把企业市电需求、新能源发电、生产负载、充电桩等组成的企业微电网通过数字化形式展现出来，降低电网需求和电费支出，保障企业正常生产。通过上述做法，可以有效地对工厂进行数字化、智能化转型，能源管理企业合同持续 10—15 年，其收入一方面是电价减少 20%～40% 后的分成，一方面是将减少的碳排放作为碳汇在交易所进行出售。工厂在算清楚投入产出比后，会将节能改造提上日程。

除了管理深度最大、效果最明显的工厂改造之外，社区能源管理、楼宇能源管理和家庭能源管理也需要有序进行。社区能源管理管理半径最大，也可以被理解为智慧城市的能源管理。市县可以负责基础智慧能源管理的基础建设投资和互联网建设投资，在管理家庭用电的 HEMS、管理楼宇及工厂用电的 BEMS 和 FEMS 等系统之间进行信息交换，通过对收集到的信息进行充分的分析判断，提出建设智慧城市的解决方案，才能够实现在整个区域内的能源平衡使用，提升能源使用效率。

楼宇能源管理包括商场、写字楼、政府办公场所、医院、高等院校、基站铁塔管理区域等公共区域，因为建筑面积较大，使用人群较多，在节能减排的任务名单上应该排在改造前列。

能源管理企业可以通过智慧能源管理系统模块，对商场、写字楼的智慧用电、用水、空调、安防、通风等进行综合管理。第三方能源管理机构需要研发对不同厂家的设备提供商全线打通，开发出能够简便操作的模块。家庭能源管理比较简单，可以通过选择使用节能电器减少电力消耗，购买智能插座、智能温控器等产品，平时关闭不必要的电器设备，降低电器和电力的损耗；购买智能燃气设备，控制好燃气使用的速度和效率；使用智能灯具、安装太阳能热水器；购买电动汽车，减少燃油车的碳排放。每个人都能为节能减排做力所能及的事情，并不是多么难的事。

智慧能源管理作为随着"双碳"的提出应运而生的新兴产业，通过数字化智能化让各个物理空间和应用场景都能形成一套转型升级方案，已经具备了较为健全的上下游产业链，管理系统接入的辅助设备有空压机、冰机、变压器、纯水系统、照明等，工艺生产设备包括机器人、真空泵、升降机、传送设备、机床等，通过流量计、压力计、智能网关、智能电表、摄像头等装置采集传输。市县要高度重视产业链条的组建，完全可以用政策鼓励智能能源管理企业入驻当地，用当地市场扶持一家"链主"身份的能源管理企业，既可以通过赋能当地，增加订单，又可以通过逐渐放大的集采数量吸引相关产业链落地建厂，增加当地税收和就业。智慧能源管理企业与客户签订的往往都是十年到十五年的长期合约。在存量客户基础十分稳固的情况下，市县国有投资机构如果能够用资本进行加持，搭配供应链金融、银行等各种金融工具，帮助企业拓展业务，那么不断拓展的增量客户就能够推进此类企业登陆资本市场。

风光新能源建设指标成市县手中最后一张筹码

2022 年，国家发展改革委、国家能源局等九部门印发《"十四五"可再生能源发展规划》，将建设大型风电光伏基地作为推进"十四五"可再生能源大规模开发、支撑规划目标落实的重要举措。2022 年我国火电、水电、核电、风电及太阳能装机占比分别为 52.8%、16.3%、2.2%、13.9%、14.8%。随着提倡使用光伏和风力发电，发电侧的格局也发生了变化。

2021 年之前，针对光伏和风电上网，国家分别出台了扶持补贴政策，根据《国务院关于促进光伏产业健康发展的若干意见》文件规定：上网电价及补贴的执行期限原则上为 20 年。补贴标准分别为 0.1 元/瓦、0.08 元/瓦、0.05 元/瓦；居民（家庭农场）屋顶统一规模化建设运营且按照政府"平改坡"美丽工程要求实施的，在光伏发电项目建成、并网和验收后给予居民发放一次性平改坡建设补贴。2023年光伏补贴最新政策为市级财政按项目实际发电量给予补贴。2020年10月21日,财政部同有关部门联合印发《〈关于促进非水可再生能源发电健康发展的若干意见〉有关事项的补充通知》,首次以文件的形式,明确风电项目补贴的"全生命周期合理利用小时数"和补贴年限。文件规定:(1)按照利用小时数限定补贴:全生命周期合理利用小时数Ⅰ至Ⅳ类资源区分别为48 000小时、44 000小时、40 000小时和36 000小时;海上风电为52 000小时。合理利用小时数以内的电量,全部享受补贴;超过电量,按当地火电基准电价收购,并核发绿证参与绿证交易。(2)按照补贴年数限定补贴:风电项目自并网之日起满20年,无论是否达到全生命周期补贴电量,不再享受中央财政补贴资金,核发绿证参与绿证交易。(3)风电项目补贴总额=(竞争确定上网电价-燃煤发电上网基准价)/(1+适用增值税率)×项目容量×项目全生命周期合理利用小时数。

2021年,国家发展改革委印发《关于2021年新能源上网电价政策有关事项的通知》明确国补开始退坡,对新备案集中式光伏电站、工商业分布式光伏项目和新核准陆上风电项目,中央不再补贴,实行平价上网。风电、光伏发电完成了平价上网,海上风电新备案光热发电项目上网可以通过竞争性配置方式形成。截至2023年7月,据不完全统计,我国仍有63个地方延续光伏补贴政策，其中，光伏电站一次性初装补贴范围在 0.1～1.8 元/瓦之间，度电补贴位于 0.01～0.5 元/千瓦时之间。

基于上述政策的发布，我国的光伏、风电建设如火如荼，截至 2022 年底，我国新能源装机规模已达 7.6 亿千瓦，稳居全球首位，发电量占比稳步提升。不过各大央企到处"跑马圈地"寻找能源指标，开工建设完成自己的 KPI 已经成为一种乱象，市县手中握着的新能源建设指标成了"香饽饽"，也成为市县招商引资的重要筹码。目前，地面电站开发形成了以央国企为主，地方能源企业及头部民营企业为辅开发建设的局面。按照国务院国资委的发电类企业排名，华能集团、大唐集团、国电集团、华电集团、中电投集团五大发电集团，国投电力、国华电力、华润电力、中广核、中节能太阳能、三峡集团六小发电集团作为电站开发的主力部队，长期占据榜单前十名位置，同时将新能源建设与主业齐头并进的央企还有中石油、中石化、国家能源集团、中海油等能源企业。央企之所以热衷于开发光伏、风电建设，一方面是因为有国务院国资委的业绩考核压力，通过新能源电站建设平衡主业带来的碳排放压力；另一方面也是因为央企有非常强的融资能力，能够拿到较低利率的银行贷款，也能够发行利率较低的债券产品，较长期限资金压力也不会给央企造成压力，在光伏、风电建设完成后，收益能够覆盖投资成本。

许多市县地方政府将当地的新能源指标申请与企业来投资的总额挂钩，只要能够满足一定量的投资，就能给百兆瓦以上的光伏或者风电建设指标。这里的投资不是对电站本身的投资，而是额外的投资，以此来拉动地方GDP和税收就业。然而，指标依然稀缺的现状也让发电企业不得不接受地方的商务条件，将其有业务的子公司、孙公司迁址或者设立在当地，这样可以将投资总额凑够，能够拿到相应的指标，换取长期利益。业务交换的模式每个地方都在上演，只是拿到指标的企业不同而已。能源类企业可以选择的落地子公司、孙公司业务也跟能源类相关，如果确实与当地资源禀赋和地理位置不匹配，还可以让央企的上下游企业来设立工厂，给当地带来等量的投资总额，央企自己转一道弯再给上下游企业提供订单或者其他便利，也是曲线救国的方式。最优的选项就是建设光伏、风电上下游相关工厂，紧挨着项目在成本上也能节约，如果当地还能给上下游生产商提供原材料和产业工人，那也是可以顺势设立一个区域总部的。比如，光伏发电上游为硅料、硅片环节，中游为电池片、电池组件环节；风电上游为发电设备原材料、零部件以及其他配套设备制造，中游为风电机组整机、风电设备制造等。如果市县有很强的消纳能力，比如全国用电量里面能够排到前十名，将会有大批的发电央企蜂拥而至，成为它们的必争之地，说不定真的能够带来光伏或者风电的产业集群，由此让新能源变成新的利税贡献点。

虽然项目投资规模大，市县投资不划算，然而，一些市县也开始通过合资或者独资的形式设立自己的能源类公司，地方国资公司可以优先拿到新能源建设指标，总包方让渡给央企发电公司，当地公司通过获取工程等形式拉动当地经济、增加就业人口，这种方法也屡试不爽。风电、光伏都属于投资额较大的项目，审批流程非常复杂，需要准备的材料也很多，经过的审批部门主要就是发改部门和能源部门。

风电项目核准流程主要包括以下步骤：

（1）立项申报。风电项目的开发企业需要向当地能源、发改委或其他相关部门提交项目立项申请，包括项目的规模、用地情况、风电资源评估、环境影响评价等内容。

（2）审批机关初审。立项申请被递交后，审批机关会对申请资料进行初审，初审通过后，进入公示环节，公示期一般为15天。

（3）公示和反馈。公示期结束后，如无重大问题和有效反对意见，则可以继续进入后续审批流程，否则需要重新整改并重新提交申请。

（4）审查评估。审批机关将对项目进行技术、经济等方面的审查评估，包括资源状况、工程设计方案、投资计划、电力市场前景等。

（5）环评审批。对于大型风电项目，还需进行环境影响评价审批。环评审批主要涉及项目的环保措施、生态保护等，需要完成一系列环评报告和公示程序。

（6）发证和备案。审批通过后，立项文件正式发放，开发企业可以在指定时间内办理相应手续，同时需要将项目情况进行备案。

各省市的风电指标审批流程可能会略有差异，但基本流程大同小异。

同为再生能源建设的光伏发电项目核准流程也并不轻松，主要包括以下步骤：

（1）项目立项阶段

在此阶段，申请人需要提交一份详细的项目建议书，包括项目的基本情况、技术方案、投资估算、预期收益等内容。审批机构将对项目建议书进行评估，判断项目的可行性和可持续性，以确定是否进入下一阶段。

（2）土地预审阶段

光伏发电项目需要占用一定的土地资源，因此在项目实施前需要进行土地预审。申请人需向相关部门提交土地使用申请，包括土地面积、位置、用途等信息。审批机构将对土地的合法性、可行性进行评估，并与相关部门协商确定最终的土地使用方案。

(3）环境影响评估阶段

光伏发电项目对环境有一定的影响，因此需要进行环境影响评估。申请人需委托专业机构进行环境影响评估报告的编制，包括项目的环境影响程度、环境保护措施等内容。审批机构将对环境影响评估报告进行审查，评估项目对环境的影响是否符合相关法律法规的要求。

（4）工程设计阶段

光伏发电项目的工程设计是项目实施的重要环节。申请人需委托专业设计机构进行工程设计，包括光伏电站的布局、光伏组件的选型、电网接入方案等内容。审批机构将对工程设计文件进行审查，评估设计方案的合理性和可行性。

（5）用地审批阶段

光伏发电项目需要用地，因此需要进行用地审批。申请人需向相关部门提交用地申请材料，包括土地使用证明、规划许可证等。审批机构将对用地申请材料进行审核，并与相关部门进行协商，最终确定项目的用地方案。

（6）电网接入阶段

光伏发电项目需要接入电网，以实现电力的输送和销售。申请人需向电网企业提交电网接入申请，包括接入容量、接入点、接入条件等信息。电网企业将对电网接入申请进行评估，判断项目是否满足电网接入的要求。

(7)审批结果公示阶段

光伏发电项目的审批结果需要进行公示。审批机构将对审批结果进行公示，公示期一般为15个工作日。公示期内，任何单位和个人都可以提出异议或建议，审批机构将对异议和建议进行调查和处理。

(8)项目实施阶段

光伏发电项目经过前面的审批程序后，申请人可以开始项目的实施。在项目实施阶段，申请人需按照审批结果和相关法规进行建设和运营管理，确保项目的安全、高效运行。

目前，市里县里能拿得出手与央企或者其他投资人交换的筹码并不多，新能源指标一定会紧紧攥在手里，不是卖人情能够拿到的。审批周期长、使用周期长、收入稳定且持续是光伏、风电项目的特点，建设周期其实并不长，所以要有足够的耐心等项目落地，无论是装入上市公司还是独立运营，都会有较好的收益。

电网侧的储能场景值得投资

市县与央企和市场化机构谈判的筹码确实不多了，伴随着光伏、风电指标的发放，配置储能也是一块不小的蛋糕，发电侧、输配电侧和用电侧都需要配置储能设备。

2022年我国风电、光伏发电量达到1.19万亿千瓦时，较2021年增加2073亿千瓦时，同比增长21%，占全社会用电量的13.8%，同比提高2个百分点，接近全国城乡居民生活用电量。鉴于光伏、风电等新能源发电具有较强的随机性和波动性，极大增加电力供需平衡的难度，出力时间及载量无法与用电时间和负荷相匹配，不但可能会产生弃光弃风，造成资源浪费，还会对电网安全造成威胁，为增加光伏、风电等新能源发电的使用效率和经济性，提升电能质量，保障电力系统安全稳定运行，储能是必不可少的辅助手段。利用储能来削峰填谷，在低需求时段将新能源发电储存起来，在高峰时段再释放出来，可以达到平滑波动幅度的目的。

根据艾瑞咨询《中国储能行业研究报告》显示，截至2022年底，中国已投运电力储能项目累计装机规模59.8 GW，占全球市场总规模的25%。其中新型储能累计装机规模达到13.1 GW，功率规模年增长率达128%；全国已投运新型储能项目装机规模达870万千瓦，平均储能时长约2.1小时，比2021年底增长110%以上。其中，从2022年新增装机技术占比来看，锂离子电池储能技术占比达94.2%，仍处于绝对主导地位，新增压缩空气储能、液流电池储能技术占比分别达3.4%、2.3%，占比增速明显加快。此外，飞轮、重力、钠离子等多种储能技术也已进入工程化示范阶段。其中 2022 年有约 20 个百兆瓦项目并网，规划在建百兆瓦级项目超过 400 个。目前，超过 26 个省份对储能颁布了相关配置政策，总体来看，各地要求光伏电站配储规模为装机容量的 5%～30% 之间，配置时间多以 2～4 小时为主，少部分地区为 1 小时。具体来看，在多个省份发布的政策中，以山东枣庄配储规模和时间要求最高，即按照装机容量 15%～30%（根据发展阶段适时调整）、时长 2～4 小时配置储能设施，或者租赁同等容量的共享储能设施。此外，西藏、河南、陕西、上海、河北、甘肃等地要求配储比例均达到 20%。

国家发展改革委、国家能源局印发的《"十四五"新型储能发展实施方案》提出，到 2025 年，新型储能由商业化初期步入规模化发展阶段，具备大规模商业化应用条件。新型储能技术创新能力显著提高，核心技术装备自主可控水平大幅提升，标准体系基本完善，产业体系日趋完备，市场环境和商业模式基本成熟。其中，电化学储能技术性能进一步提升，系统成本降低 30% 以上；火电与核电机组抽汽蓄能等依托常规电源的新型储能技术、百兆瓦级压缩空气储能技术实现工程化应用；兆瓦级飞轮储能等机械储能技术逐步成熟；氢储能、热（冷）储能等长时间尺度储能技术取得突破。到 2030 年将重点建设"新能源＋储能"电站、基地化新能源配建储能、电网侧独立储能、用户侧储能削峰填谷、共享储能等模式,在源、网、荷各侧开展布局应用,满足系统日内调节需求。

储能路线包括抽水蓄能、锂离子电池、飞轮储能、压缩空气、钠离子、全钒液流电池、铅炭电池储能、热储能等,技术的逐渐成熟靠的是大批研发人员对储能领域的投入,也是因为储能存量已经非常巨大,生产规模化后成本大幅降低,在风光发电强制配储能的庞大增量出现后,大规模的应用场景出现了。

抽水蓄能是现在储能建设的主要方式,这种储能方式需要较大的投资金额、大量的土地和水资源,具有技术优、成本低、寿命长、容量大、效率高等优点,从全停到满载发电约 5 分钟,从全停到满载抽水约 1 分钟,且具有日调节能力。但是,抽水蓄能受到地理地貌的限制,因此与消纳的企业距离一般较远,会产生较大的能量损耗和经济损失。

电化学储能也日渐成为主流的储能方式,根据国网和南网的《新型电力系统行动方案(2021—2030 年)》目标,在新型储能方面,预计到 2025 年,我国新型储能装机规模将突破 5 000 万千瓦,电化学储能年装机增量预计将达到 12 GW,累计装机将达到约 40 GW,90% 以上将以锂离子电池为主。2025 年后,处于对习近平总书记提出的 2030 年实现"碳达峰"、2060 实现"碳中和"的目标,电化学储能每年也会保持较大的增长。锂离子储能产业链比较短,具体由上游设备商,中游集成商和下游终端用户组成。其中设备包括电池、EMS（能量管理系统）、BMS（电池管理系统）、PCS（变流器）；集成商包括储能系统集成和EPC；终端用户则由发电侧、电网侧、用户侧以及通信/数据中心组成。不过，我们也要考虑到新型储能安全性问题、储能价格机制滞后性问题、新型储能原材料紧缺问题等方面的实际情况，电化学储能电站装机规模在预期范围内需要加大建设力度才能够跟得上规划的设计。

过往，飞轮储能、压缩空气、钠离子、全钒液流电池、铅炭电池储能、热储能等属于市场占有率较低的各条路线，也都有不同的企业在尝试，通过各种渠道拿到储能的订单，只要控制好成本，不断在扩大规模过程中研发新技术，降低单位成本，也能在储能领域企业中脱颖而出，得到资本的青睐。

根据 IT 桔子统计，2022 年共计投资事件达 120 件，共计 320.94 亿元，2023 年 1 月至 7 月共计 65 件投融资事件，较为出名的例如海辰储能、中储国能等。储能系统、储能 PCS，钠离子电池、液流储能等小众储能技术以及锂电池正极材料、钒材料等储能材料成为资本投资的主要方向。IPO 方面，2022 年储能领域 IPO 数量多达 124 起。相关企业覆盖储能系统、储能变流器、电池制造以及电池材料、锂电设备等多个领域。

按照股权投资的逻辑，储能几乎符合所有优质标准。首先储能适用的场景非常多，无论是发电侧、用电侧还是电网侧，都因为电力基础设施需要更新升级，必须要配备储能设备，创造了极大的市场。第一，发电侧的企业绝大多数以央企、地方国企为主，客户非常优质，不太会出现账期到了不付款的现象。第二，可持续经营能力有保障，搭上一个大央企作为主要客户，可以说就解决了未来订单断崖式下跌的问题，如果按照储能设计进行增量发展，保证企业走到上市那步应该也没问题。第三，储能企业投资额较大，与大批金融机构都有良好的合作关系，在银行等机构有一定的信用评级，也可以在供应链上用到下游客户的供应链资金，经营性现金流虽然可能因为业务扩张速度快而变得紧张，只要保证不是无序扩张，应该不会受到重创。众多的金融机构也会齐心协力帮助投资人进行风险防控，等于加了外部的风控组织。第四，储能也需要先进的技术储备，产品也同样具备高科技属性，在国内资本市场越来越重视科技企业的大环境下，监管部门对 IPO 审批时，遇到的阻碍不多。第五，上下游多为政府和央企国企，在入库出库方面保持规范性，因为客户性质也会将审计延伸到重要客户，等于有外部审计机构帮助规范财务和管理，帮助股权投资机构进行了全面尽职调查和事前风险控制。综上所述，储能类高科技企业的不同阶段投资都会受到追捧，是因为上市前期的规范性和上市退出的确定性比较明晰，龙头企业的选择更能够保证股权投资资金的安全，也是市县国有投资机构储备项目的上上之选。

用户侧让绿色经济完美闭环

用电侧包括虚拟电厂、微电网、储能电站、数据中心、轨道交通等,到用户端体现为新能源电动汽车和充电桩等。前一种就不再赘述了,重点讲一下跟消费者息息相关的新能源电动汽车和充电桩行业,同样蕴藏着巨大的投资机会。

工业和信息化部等七部门印发《汽车行业稳增长工作方案(2023—2024年)》,支持扩大新能源汽车消费。方案的"主要目标"指出,2023年力争实现全年汽车销量2 700万辆左右,同比增长约3%,其中新能源汽车销量900万辆左右,同比增长约30%;汽车制造业增加值同比增长5%左右。2024年,汽车行业运行保持在合理区间,产业发展质量效益进一步提升。据中汽协统计,2023年1—8月,我国新能源汽车累计出口72.7万辆,同比增长110%。其中,纯电动汽车保有量66.5万辆,插电式混合动力汽车保有量6.2万辆。据中汽协统计,2023年前8个月,我国汽车出口294万辆,同比增长61.9%。国际能源署(IEA)最新发布的《清洁能源进展跟踪报告》预计,到2030年,电动汽车保有量将超3亿辆,新车销量占比将达 60%。

新能源汽车是我国弯道超车的必然选择，燃油汽车的路线已经被国外走完了，大批的核心技术专利掌握在外国人手中，我们不是输在研发能力，而是在研发的早晚。拿时间换空间的路子走不通，我们便开始另辟蹊径，在新能源车上投入研发，做到在这个领域各个条线都能够独立自主，拿空间来换时间，也非常契合国家"双碳"的"3060"战略。

合肥投资蔚来汽车股份有限公司（以下简称蔚来汽车）的案例被认为是市县政府投资最成功的案例之一。合肥江淮蔚来工厂是我国第一条智能电动汽车生产线，合肥政府对新能源车行业进行了深入的调研，发现市场巨大，更有可能颠覆掉传统燃油车企业。在蔚来汽车落地合肥的意愿表达之后，合肥便率先布局了新能源汽车的头部企业，无论在土地、厂房、政策上，还是在投入资金上，都表现出了满满的诚意。据公开资料显示，2020 年 4 月 29 日，蔚来与合肥市建设投资控股（集团）有限公司、国投招商投资管理有限公司以及安徽省高新技术产业投资有限公司 3 家战略投资者签署关于投资蔚来中国的最终协议，上述投资者向蔚来中国投资 70 亿元，蔚来向蔚来中国投资 42.6 亿元。当年 7 月 10 日，蔚来与中国建设银行安徽省分行、中国工商银行安徽省分行、中国农业银行安徽省分行、兴业银行合肥分行等 6 家银行达成战略合作，6 家银行向蔚来中国提供

104 亿元综合授信。

在投资风控方面，市县国有投资机构可以参考做空机构灰熊（Grizzly Research）的报告。按照报告披露，2020 年蔚来在接受合肥市 70 亿元人民币的注资时，蔚来与合肥市之间还有一份"对赌协议"，其中包括：

（1）蔚来中国在收到投资后的 48 个月内提交 IPO，并在 60 个月内完成上市；股东要求蔚来或者李斌赎回公司股份，不能导致蔚来或蔚来中国的控制权发生变化。

（2）蔚来和蔚来中国的控股股东不应改变，如果改变，当地的政府将要求李斌回购所有股份。

（3）如果没有完成 IPO，或控股权发生变化，李斌就要回购蔚来中国的股份，赎回价格为合肥战略投资者的投资总额，并以年利率 8.5% 计算利息。

（4）要求蔚来中国在 2024 年实现营收 1 200 亿元。

后来，合肥又投资了零跑、威马等造车新势力，并引进了比亚迪、大众，吸引其到合肥建厂。造车新势力得到地方国资投资机构的支持，可以在政府的帮助下尽力争取造车资质，但是更需要修炼内容，在组建优质团队、提升销售额、搭配完整的产业链、对车型进行精挑细选推向市场等苦练内功，才能不辜负地方政府对自己财力、人力、物力上的孜孜投入。地方政府可以通过对新能源智能网联汽车的投入，将当地的落后产业剥离，实现产业转型升级，如温州引入威马时，地方官员称"圆了温州 30 年汽车梦"，肇庆也将小鹏汽车的生产基地视为"1 号工程"。汽车投资厂房占地面积大，投资金额高，建成后带动大批的产业工人就业，也能够给当地带来巨额的税收，还能够作为"链主"企业吸引大批的新能源电池厂及汽车零配件落地工厂，形成汽车产业链集群，进而在当地形成新的产业，很快能够提升市县在财政收入和 GDP 的全国、全省排名。在巨大的综合性利益面前，抵挡住诱惑的人并不多，因此市县领导是愿意倾全市县之力"赌一把"的。

在新能源车的风口之下，也有很多地方政府不幸成功"踩雷"，遭遇避之不及的投资失败。安徽铜陵、湖南株洲、江苏苏州下了重注的奇点汽车，江西重点招商引资项目的绿驰汽车、江苏如皋投资的赛麟汽车都是活生生的失败案例，一窝蜂投资的结局必然是泥沙俱下、良莠不齐。

市县投资机构未必要把所有的精力放在造车新势力上，"蔚小理"之所以成为汽车流行语，因为指的是最早上市的三个新能源汽车"造车新势力"——蔚来、小鹏、理想。占得上市先机，能够不断通过二级市场再融资发展，上市公司的财务规范、公开、透明也让大批银行、金融租赁公司等金融企业对其格外青睐，只要销售不退坡，从此都会保持良性发展。不过，比亚迪、广汽等传统造车企业也开始调整战略定位，将原来的改造模式变成了创新模式，无论是汽车底盘等结构件的生产设计还是车型的设计上，都有很大的改观，利用原有在全国布局的4S店，可以迅速将新车型触达到最终端的用户周边。

2022年中国大陆市场充电桩设施增长了259.3万台，同比接近翻倍式增长，其中公共充电桩同比增长了91.6%，随车配建私人充电桩同比增长了225.5%。截至2022年底，全国充电桩保有量为521万台，对比全国公安交管部门公布的新能源汽车保有量1310万辆，其车桩比（新能源汽车与充电桩比值）为2.5∶1，距离理想阶段1∶1比值还存在较大的增长空间。另外，2023年1月21日国家相关部门印发《关于进一步提升电动汽车充电基础设施服务保障能力的实施意见》，明确"十四五"末，满足超过2000万辆电动汽车充电需求，重点区域的高速公路服务区快充站覆盖率不低于80%，其他地区不低于60%。

2023年6月，国务院办公厅发布的《关于进一步构建高质量充电基础设施体系的指导意见》表示，鼓励建设便捷高效的城际充电网络、建设互联互通的城市群都市圈充电网络、建设结构完善的城市充电网络、建设有效覆盖的农村地区充电网络。要在既有居住区加快推进固定车位充电基础设施应装尽装，优化布局公共充电基础设施。以"三中心"等建筑物配建停车场以及交通枢纽、驻车换乘（P＋R）等公共停车场为重点，加快建设公共充电基础设施，推动充电运营企业逐步提高快充设施占比。在政府机关、企事业单位、工业园区等内部停车场加快配建充电基础设施，并鼓励对公众开放。在确保安全前提下，在具备条件的加油（气）站配建公共快充和换电设施，积极推进建设加油（气）、充换电等业务一体的综合供能服务站。结合城市公交、出租、道路客运、物流等专用车辆充电需求，加快在停车场站等建设专用充电站。加快旅游景区公共充电基础设施建设，A级以上景区结合游客接待量和充电需求配建充电基础设施，4A级以上景区设立电动汽车公共充电区域。

根据充电联盟数据显示，运营商特来电、星星充电及云快充分别以36.29万台、34.28万台、25.94万台占据前三位置，市占率为53.69%，相比2021年下降了13.21个百分点，前十大运营商市占率由90.29%下降至86.31%。市县投资可以结合特来电、星星充电等龙头企业的产业运营经验优势，一同成立合资公司，在当地建设两轮车、四轮车充电桩网络，也可以结合一些智能停车场企业，在其经营范围之内，完成充电网络的市场化布局。投资的收益率可以按照每年的分红来收，在未来三到五年内，充电桩网络有了比较稳定的现金流，将这块资产装入上市公司，将合资公司持有的股份变成上市公司股份，在二级市场减持获利。

氢能带来的又一个新业态

氢气是现知宇宙中最轻的气体，一直被认为是清洁能源的终局，氢能产业也是万亿市场，被认为是未来成长性最强的领域之一，吸引大批投资人进入。氢能产业是一个跨地区、跨领域和跨行业的新兴产业，涉及煤炭、石油、化工、电力、冶金、材料、汽车及重大装备等领域，产业链条长，科技含量高。氢动力具有清洁低碳、加注快速、续航里程高的优点，适合中长途和重量载荷运输，天然适合于物流重卡、军队用车和船运。按照习近平总书记"绿水青山就是金山银山"的指示精神，中央对氢能产业开始顶层设计，市县可以借助燃料电池汽车大发展的契机，大幅度降低交通领域的空气污染。

中国汽车工业协会数据显示，2023年1月至8月，全国燃料电池汽车的产、销量均为3 000辆，分别同比增加29.1%、51.3%。这意味着，截至2023年8月底，我国燃料电池汽车保有量超过1.6万辆。据我国2022年3月出台的《氢能产业发展中长期规划（2021—2035年）》，提出"立足本地氢能供应能力、产业环境和市场空间等基础条件，结合道路运输行业发展特点，重点推进氢燃料电池中重型车辆应用，有序拓展氢燃料电池等新能源客、货汽车市场应用空间，逐步建立燃料电池电动汽车与锂电池纯电动汽车的互补发展模式"。2025年我国燃料电池车辆保有量要达到约5万辆，部署建设一批加氢站。可再生能源制氢量达到10万～20万吨/年，成为新增氢能消费的重要组成部分，实现二氧化碳减排100万～200万吨/年。

从现有数据看来，燃料电池汽车距离新能源电动车的差距很大，工业和信息化部推荐的车型高功率化趋势明显，这与燃料电池快速的产品迭代与使用需求相关。当下主要的应用场景是长途客运、干线物流、矿山、港口等场景，主流的燃料电池厂商都在不断推高新产品的功率，打造燃料电池汽车大功率的优势以满足下游应用场景的需求，在钢铁厂、矿山等短途倒转场景下，120 kW～130 kW的系统即可满足类似需求，但是长途重载、干线物流由于路况和地形条件更为复杂，则需要系统功率提升至250 kW～300 kW。但是，在氢能源技术路线逐渐成熟，制氢、储氢、运氢、加氢站等产业生态布局完善后，作为清洁能源终端的燃料电池汽车便有机会飞速发展。

2021年，我国批复了京津冀、上海、广东、河北、河南五大氢燃料电池汽车示范城市群。氢能源产业链上游为制氢，氢气纯化、氢气液化等环节。中游就是储存环节，主要储运技术包括气态储运、液态储运、固态储运以及有机液态储运等，涵盖储氢装置、氢气运输等。下游为加氢及氢的综合应用，涉及加氢站建设及设备，以及交通、工业、建筑等领域的应用，各个产业链都有巨大的投资机会和发展潜力。

制氢过程中，按照制氢的来源和工艺，产生的氢气被分为灰氢、蓝氢和绿氢。灰氢是指通过化石能源、工业制造副产品、天然气和煤制取等传统方法生产的氢气，该过程会释放大量的二氧化碳。蓝氢是在灰氢的基础上，将二氧化碳副产品捕获、利用和封存（CCUS）而制取后的氢气，是灰氢过渡到绿氢的重要阶段。绿氢是通过太阳能、风电等可再生能源发电进行电解水制氢，真正实现制氢零排放。其中，绿氢的制取是有场景支撑的，随着新能源发电和应用越来越发达，氢能动力的普及可以成为电能的有益补充，风电光伏发电如果遇到可能弃风弃光的情况时，可以用电解水制氢储存能量，在缺电时再利用氢燃料电池或氢能燃机发电补足缺额，实现氢、电能与化石燃料的互补。根据智慧芽统计，2004年至2022年中国共申请"电解水制氢"相关专利8 904个，且近两年申请数量维持在每年近2 000个的高位。制氢产业快速发展为氢燃料的推广提供了弹药，能够依托新能源发电装备"大兴土木"的现状，多发展绿氢，为用氢企业提供优质的清洁能源。根据中国氢能联盟数据，2020年，我国氢气产量为3 342万吨，自2020年"双碳"目标提出后，氢能产业热度攀升，在2030年碳达峰愿景下，我国氢气的年需求预期达到 3 715 万吨，在终端能源消费中占比约 5%；在 2060 年碳中和愿景下，我国氢气的年需求量将增至 1.3 亿吨左右，在终端能源消费中占比约为 20%，其中绿氢约为 1 亿吨。央企、国企拥有煤炭、石油、天然气、风光大基地等资源优势，可以在制氢方面发力，通过较高的信用评级拿到较低的融资成本，来发展氢能的基础设施建设；也可以通过对资源有较强掌控力的优势，通过产业赋能降低制氢成本，算好总账，来刺激氢能的发展。对于民营企业来说，制氢包括后续的储氢运氢环节，都会在短暂的"蓝海"之后变成"红海"，需要在技术研发创新方面做出先行先试，可以在氢全产业链的核心技术突破和关键零部件研发设计上做文章，与央企国企形成优势互补的良好企业生态。

储氢和运氢是相辅相成的，尤其是短期运输过程中，氢气通过储氢罐运输依然有一定的危险。氢气存储方式分为常压、高压、液态、固态储氢，以及转换为合成氨储存等，运氢主要靠长管拖车、液氢槽车或者管道等方式运输。截至 2023 年上半年，我国出台氢能政策多达 20 余项。《"十四五"工业绿色发展规划》提到，单位工业增加值二氧化碳排放降低 18%，推动生产过程清洁化，鼓励氢能发展。氢能源的应用场景不只是在物流运输方面，还在炼化、炼钢、化工等方面有巨大的市场空间。

加氢站作为与氢燃料汽车终端接触最频繁的形式，也是各地氢能实现闭环的研究机构。EVTank联合伊维经济研究院共同发布了《中国加氢站建设与运营行业发展白皮书（2023年）》。根据EVTank统计，截至2023年上半年，全球累计已经建成加氢站达到1 089座，其中中国累计建成加氢站为351座，全球占比达到32.2%，为全球最大的加氢站保有量国家，预计到2025年全国累计建成的加氢站数量有望突破1 000座。其余建成的加氢站主要分布在日本、韩国等亚洲以及北美地区。氢燃料电池作为动力的汽车不仅适用于重卡，包括校车、大巴等在内都十分适合用氢燃料动力来代替，固定的加氢站能够在运营稳定的情况下很快收回成本，更加市场化运作的重卡要考虑到载重可能会超负荷的情况，其余车辆基本不用考虑载重问题。对于希望稳健可控投资的市县国有投资机构而言，加氢站是可以投资的方向，有经济效益更高的综合能源合建站和运营效率更高的站内制氢、加氢一体站更是可以投资的项目，能够用石化燃料、充电桩等能源运营来对冲氢能可能带来的汽车数量不够、能源稳定性不足等风险，提高投入产出比。

根据睿兽分析统计，截至2023年6月30日，国内氢能行业有240余家企业获得融资，涉及融资事件471件、融资金额284亿元，参与机构超过300家。2021年中国氢能行业一级市场融资事件数量91件，同比增长102.2%，融资金额86.2亿元，实现大幅度提升；2022年中国氢能行业融资事件71件，同比下降22.2%，融资金额119.3亿元，同比增长38.4%。现在属于氢能大发展的前夜，所以投资轮次还是偏早期，而且有一批投资的企业是靠补贴撑到现在，真正通过资本市场实现退出的投资机构寥寥无几。根据睿兽分析统计，2018—2023H1中国氢能行业投资事件主要集中在早期阶段（种子轮、天使轮、A轮融资事件合计占比74.5%），成长期（B轮、C轮）事件占比20.0%，后期（D轮、E轮及之后、Pre-IPO）事件占比5.4%。市县国有投资机构可以在A轮以后参与氢能项目的股权投资，一方面能够"让子弹再飞一会儿"，看到氢能生态起势后，当地应用成熟后再行决策投资，保证了资金的安全性；另一方面可以在央企国企投资机构入场后，通过战略投资者对被投项目的赋能等待企业获得一轮跨越式发展，在市县可以通过订单拿到较为优惠的老股加新股结合投资时，也能够以低价进入有成长性的投资标的。

其实，氢能与2015年左右新能源电动汽车上下游兴起的时点有点相似，当时新能源动力电池技术路线不成熟，估值还没有达到惊人的数百亿元；充电桩是否在各地大规模铺开未有定论，充电时间不能满足用户需要；电网需要增容扩容才能够跟得上新能源电动车的高速发展，新能源造车新势力还没有冒头趋势，电池回收怎么解决的问题也没想明白，国家和地方都开出了丰厚的补贴政策鼓励新能源全产业链的研发、生产、销售和布局，这个时候的投资机会最珍贵，当然也最危险，对应的是，收益率也最高。现在几乎是复制粘贴版本的氢能源也面临着制氢成本过高、储运氢设备技术不成熟、加氢站数量不够等问题。只不过现在新能源电动汽车的发展如火如荼，这两种路线之争的倾斜性更偏向于新能源电动汽车。问题是，作为清洁能源的终局，氢能的发展在国家和地方如此鼓励的情况下，能够战胜新能源电动汽车，或者两分天下，对于我们来讲都不可以预测。可以预测的是，在这个阶段进入的资本，遴选优质创业团队，结合有需求的地方政府，配合有资源的央企国企，找准要发力的细分领域，是有可能顺利突围的。那么，这个阶段的市县投资机构，也有可能跟着一波风口和优质的企业共舞，获取最大限度的投资回报。

第六章

市县商业和房地产投资

民生四需是指衣食住行，其间也蕴藏着巨大的商机财富。To C 的产品和商业模式很难摸索，一旦成功，便是王者。消费作为国民经济增长的"三驾马车"之一，消费方式在时代的浪潮里层出不穷。

虽然人口红利期已过，但劳动力人数降低不代表人口价值降低，老年群体将带来"银发经济"的崛起。生物医疗、养老服务、教育等都是很好的投资着力点，市县投资机构要抓住机会，结合社会效益和经济效益投资创新。

总部经济是商流兴盛的新源头

总部经济（Headquarters Economy），是指一些区域由于特有的优势资源吸引企业总部集群布局，形成总部集聚效应，并通过"总部—制造基地"功能链条辐射带动生产制造基地所在区域发展，由此实现不同区域分工协作、资源优化配置的一种经济形态。总部经济现在已经成为各市县招商引资必然会提到的名词，希望的就是通过注册在当地或者注册地搬迁到当地，可以将利税留存在当地，同时还可以带来大批的相关产业，形成全产业链的总部经济。据统计，中国企业500强平均总部所在地选择的前十名分别为北京、广东、江苏、山东、浙江、上海、天津、辽宁、河北和河南。

过去，房地产作为我国排名第一的支柱产业，各类型的房屋都以各种名目建设起来，最终因为地产公司的负债率过高"爆雷"，房屋资产都被抵押给银行或者市县当地国企，抵押之后被闲置在当地空着"养蚊子"。房地产抽空了地方财政来源，也抽空了银行的贷款，给金融带来了巨大的风险。居民因为经济下滑大趋势，加上企业破产、人员失业等综合因素，房贷开始断供，银行又不得不接收了一批个人消费者手里的房子。房地产市场低迷现状让银行和部分地方国企苦不堪言，房子在抵押时候的价格，如果房价持续下跌，房子就不是好资产，需要尽快完成处置，或者对外租用获取收益来对冲房价下跌的风险，让资产保值增值不敢想了，只求能够抵消通货膨胀带来的损失即可。

企业总部的落地带来的不只是税源的增加，在设立的时候就需要办公空间，也需要招录当地员工，市县因为过度建设遗留下来的产业园房屋和工业园厂房都可以再度利用起来。算完账后，可以给予落地的企业总部各种优惠和补贴，动力只有一个，就是要留住税源，留住解决就业的法人主体。既然说的是总部经济，大部分当地从业人员就会以管理人员和研发人员为主，这些人员对办公地址的地理位置、物业的服务水平和态度、中高端人才的教育和培训、给企业和个人提供金融服务的水平、人文环境和营商环境的双优秀等各方面都要求比较高，市县想要留住他们，就要付出更多的努力和支持。

分解开来看，总部经济需要的条件并不算苛刻，市县都可以发挥自己的优势去争取更多的企业总部。

第一，需要具备交通便利的地理位置和物流速度。这主要是为了满足企业总部需要跟全国甚至全球各地的上下游客户进行便利沟通，总部管理层平时也需要与各地的分公司、子公司、制造工厂员工等进行业务交流和培训，及时发现管理上的问题，降低管理成本，也充分践行了邓公"时间就是生命，效率就是金钱"的名言。假设市县有距离比较近的高铁、飞机场、高速公路，那些是必然选择，都是加分项。有一些依托港口码头而落地的物流企业、贸易企业，可以有快速通关和保税仓等得天独厚的服务，并且有国家对相关产业的补贴政策可以利用，不但可以减少企业的交通成本，还可以增加一部分非营业收入，增加企业的现金流，满足日常经营的需要。

第二，要有高素质的人力资源储备库和完备的教学科研资源。优秀人才的聚集地能够让企业总部招聘人才更加容易，相应的成本也会有所降低，人才聚集效应会让其他城市的优秀人才也愿意来当地工作，这样能够有效地找到适合公司发展阶段的行业人才。对于高科技企业来说，自身公司的人才储备足够发达的同时，也要学会使用外部人才库，利用高校的科研能力，用项目联合开发的形式能够得到产品的升级，还能节省大批的研发费用和人力成本。高校实验室以项目制为研发方式，硕士博士的报酬跟招到单位来的全日制员工相比，花费相对较少。企业出研发费用委托高校科研院所实验室进行研发，高校老师通过带队完成项目，完成学术论文的撰写、职称评定以及教学科研工作；硕士博士们可以锻炼自己的动手能力和研发能力，完成毕业论文任务，能够顺利毕业，并且能在与企业接触的过程中，有可能在未来到委托单位工作。

第三，需要有较好的营商环境、法律秩序和社会服务体系。总部设立不但需要政府有服务的意识，行政、工商、税务等部门要能高效合规地满足企业的诉求，应该主动帮助企业解决问题。科技部门、发改部门等需要对企业总部租房、买房等，高管人才补贴和奖励等主动进行普及，在得到申请后快速办理相关事项，只要涉及企业和员工利益的事情，都当作自己的事情来办，这样才能体现出优良的营商环境，也是能把企业留住并且使其愿意发展壮大为当地税收作贡献的重要因素。只要存在业务和招聘，企业就难免会出现法律诉讼和纠纷，执法必严，违法必究，市县司法部门本着遵守法律法规办事的原则，能够公平地审判和处理案件，就是对当地营商环境最大的关爱，甚至能够把起诉当地企业的外地企业招引过来。现代化的城市管理制度造就完备的社会服务体系，能够把人文环境、诚信体系、市场秩序、社会治安等各方面提升，让企业能够安心落户，这是政通人和的魅力。

第四，需要有能够高于周边地区的信息集中优势和资源集中优势。以北京为例，北京有大批的金融机构和国家党政机关，包括各省市在内都在北京有驻京办，还有世界五百强、中国五百强等大批外地的大型企业也在北京设立办事处。作为最高决策机构所在地的首都，政令发出的最前沿阵地，也是最高级别媒体的阵地，信息多得要命。除了宏观政策之外，还有大批的地方政令也需要在中央机关和地处北京的各大企业总部来颁布实施。信息爆炸时代，有用信息的及时收集是企业发展的重要战略，商场如战场，时机转瞬即逝，高级别的信息可以让企业迅速调整发展战略，也能让产品研发朝着政策和市场需要的方向转，一条信息有可能让企业节省大笔研发或者公关费用。资源集中优势体现得更加明显，之前有"跑部钱进"的说法，代表了各个省市县都依托驻京办来联系相关官员或者企业家，平时多维护，关键时刻不掉链子，能够根据资源带来的资金和人员，抓住先机。现在也有政府设立了驻沪办和驻深办，体现了大家对信息源的重视程度，北上深三大政策、金融和创新的发力点都是需要有专人来维护的。珠三角、长三角、京津冀，围绕三个大的总部经济群，可以在人才、订单、资源等各个方面远超过同行业企业。

长三角、珠三角的发展比较均衡，一直以来，京津冀因为有北京这样一个特殊的存在，虹吸效应比较明显，天津和河北的存在感并不强，产业方面也有拣北京剩下的嫌疑，"北京吃不了,天津吃不饱,河北吃不着",所以在很长一段时间内,天津和河北的发展都不算快。2014年2月,习近平总书记主持召开座谈会,听取京津冀协同发展专题汇报,"京津冀协同发展"成为国家级战略,此后,情况有了明显的改善。据统计,2022年,京津冀经济总量突破10万亿元,大兴机场建在了维持区域经济平衡的位置,北京的制造业外溢现象明显,对北京人口的纾解分散也有一定积极影响,河北、天津承接的产业转移功能提升,逐渐开始有吸引力和竞争力。"实践证明,党中央关于京津冀等重大区域发展战略是符合我国新时代高质量发展需要的,是推进中国式现代化建设的有效途径。"2023年5月12日,习近平总书记在深入推进京津冀协同发展座谈会上肯定了京津冀协同发展的成绩。

市县发展总部经济可以改善城市的产业平衡,提高第三产业占比,不但可以给城市带来不断增长的税收贡献,还能产生人才聚集效应,带动消费能力和水平的提升,把教育和养老硬件、软件做优化,优质企业的扎堆效应也能吸引大批金融服务机构的入驻和投资。社会资本不仅代表本地萌生的富裕人群,还包括能够吸引过来的外地富裕人群,各省省会和区域超大型城市都有这样的功能。有潜力的市县要敢于投资公共设施,培养服务型公务员,对总部经济需要的要素认真研究并投入行动,也可以在一定区域内变得比周边市县更有吸引力。

城市更新是房地产和城投企业复苏的新机遇

首先提出"城市更新"概念的是深圳。2009年,广东省政府与国土资源部共建集约节约用地试点示范省,全面启动了"三旧"改造工作,当年10月深圳市人民政府颁布了《深圳市城市更新办法》,提出"城市更新"是指由符合办法规定的主体对特定城市建成区(包括旧工业区、旧商业区、旧住宅区、城中村及旧屋村等)内具有以下情形之一的区域,根据城市规划和本办法规定程序进行综合整治、功能改变或者拆除重建的活动:

(一)城市的基础设施、公共服务设施亟须完善。

(二)环境恶劣或者存在重大安全隐患。

(三)现有土地用途、建筑物使用功能或者资源、能源利用明显不符合社会经济发展要求,影响城市规划实施。

(四)依法或者经市政府批准应当进行城市更新的其他情形。

2019年12月的中央经济工作会议在中央层面提出了"城市更新",并于2021年3月首次写入2021年政府工作报告和"十四五"规划文件《中华人民共和国国民经济和社会发展第十四个五年规划和2035年远景目标纲要》中,将其上升至国家战略层面，并正式全面推开。现今，城市更新内涵扩大了，是一种将城市中已经不适应现代化城市社会生活的地区做必要的、有计划的改建活动。习近平总书记指出，要更好推进以人为核心的城镇化，使城市更健康、更安全、更宜居，成为人民群众高品质生活的空间。城市更新不是简单的拆建，其核心是产业结构的升级与城市的发展进化。城市更新能够推动城市群的高质量发展，通过对城区产业功能的再度调配，孵化新兴产业，剔除老旧产业，完成城市产业发展的转型升级，也能够在此过程中，对老旧居民小区进行改造，提高城市居民生活水平（图6-1）。市县

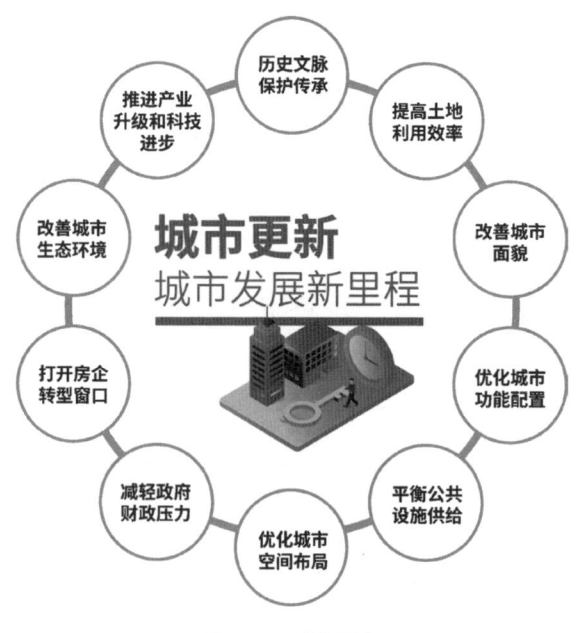

图 6-1　城市更新

注：图片来源于网络。

城投机构和建筑型央企是城市更新的主力军。随着社会的发展和进步，大量的建筑设计和建材应用已经不能满足城市快速发展的进程需求，基础设施需要补短板，增强安全韧性，就必须要进行更新改造。2022 年，我国实施城市燃气、供水、排水、供热等管道老化更新改造，开工项目 1.69 万个，完成投资近千亿元。2019 年至 2022 年，全国累计新开工改造城镇老旧小区 16.7 万个，惠及居民 2 900 多万户，完成投资 6 600 多亿元。

北京的首钢产业园区改造就是城市更新的典型成功案例。北京石景山首钢园曾经是首都钢铁的生产工作区，首钢作为北京的特大型重点企业，曾经为北京和周边城市的建设作出了突出的贡献。因为首都对重型工业的对外纾解要求，2005 年，国家发展改革委批复首钢搬迁调整方案。2018 年，首钢集团与首开集团签订非经资产移交协议，小区产权和物业整体移交给首开集团，由首开集团下属的北京首华物业管理有限公司负责物业管理。2019 年 7 月，北京市石景山区政府与首开集团开展战略合作，对首钢所属生产工作区和居民小区进行全面改造。通过近几年城市更新加速，首钢冬奥广场、工业遗址公园、石景山文化景观区都已经建成交付。《首钢园产业发展报告（2022）》发布，首钢园区入园企业 270 多家，注册资本达 400 亿元。在园企业人数近 4 000 人，重点产业类企业三年营收复合增长速度达到 112%。2022 年，首钢园区重点产业类企业研发费用支出合计约 3.9 亿元，研发人员占比 67%。其中，近 40% 企业研发投入强度超过 100%。2022 年在园重点产业类企业共拥有专利授权 195 项，其中发明专利 33 项。大力构建以"科技+"为主导，以特色高端商务服务、科技服务业为支撑的高精尖产业体系。2022 年在园重点产业类企业中，以科幻、互联网 3.0、人工智能、航空航天等高精尖产业为代表的"科技+"企业占比达 70%。在新版北京城市总体规划中，新首钢地区未来将成为传统工业绿色转型升级示范区、京西高端产业创新高地、后工业文化体育创意基地，北京首钢园的城市更新给拥有老工业基地的城市更新模式做了榜样。

　　房地产行业遇冷，城市更新是正在盛开的第二春。在未来，房地产一级开发可以跟城市更新二级联动结合起来，这跟股权投资增资扩股和买新股结合的结构类似，可以摊薄开发成本，还能够拿到未来持续运营的核心区域资产。城市更新项目虽然以老旧破房地产项目居多，在现有空间设计上也有局限性，但是可以作为引入文化、科技和新兴产业，达到对人流、商流、物流、财流的导入目的，更新的不会只是物理空间，还有产业结构和周边的居住人群。城市更新也能够拉升市县的 GDP 和财政收入，来源有基础设施改造和装修带来的工程，还有在未来引入的企业带来的收入等影响。通过上述改造和引入，可以增加当地的就业率，也能够带来新的业态，吸引更多的人才进来。城市更新开始前夕，市县就需要对适合自己的产业进行定向引导，不能"一窝蜂"都向热门产业奔去。这样可能会增加招商引资成本，而且未必能够匹配本市县的人才储备，很有可能做无用功。

市县的城市更新要请专业的建筑设计公司进行统一规划，也要将智慧城市的理念融入改造中来。比如，将智慧安防、智慧养老、智慧通行、智慧家政等纳入改造的模块，可以利用这些订单引入相关的高科技企业，也能引入智慧服务型企业，增加引入产业的科技元素。同时还要增加一些公园、书画院、图书馆、美术馆、博物馆等文化设施，有条件的话可以增加戏剧院、电影院等演出场所，能够在人文环境上对老旧城区进行改善，促进社会和谐，降低社会不稳定因素。在更新过程中，要让建筑与新能源相结合，提前预判新能源整体生态的发展，要提前布局好分布式光伏、充电网络、储能网络等，避免未来二次翻新。节能环保型绿色建材的运用也要推动起来，通过改造尽量更新成"海绵城市"。海绵城市是新一代城市雨洪管理概念，是指城市能够像海绵一样，在适应环境变化和应对雨水带来的自然灾害等方面具有良好的弹性，真正做到更新一步到位，改善居民环境的效果。

市县国有投资平台在城市更新中具备天然的优势。对于市县级单位而言，城市更新改造的区域不会很大，又因为需要协调当地各个方面的关系，市县国有投资平台具备"天时地利人和"，能够用有限的资金量和操盘能力，对文物修缮、历史建筑、街区改造、房屋装修等进行施工。也可以与大型建筑公司结合，由央企大型建筑公司做总包，将能够增加就业、增加利润等综合因素的工程分包给市县国有投资公司，这样可以将一部分税收留存在当地，又能给市县国有投资公司锻炼队伍，帮助其完成部分 KPI 考核。

商业有一个说法：三分建、七分养，凸显出了后期运营和更新的重要性和长期性。在运营阶段，市县投资公司可以引入有经验的商业运营企业，将当地国企的优势与运营公司的经验相结合，与其成立合资运营公司，共同管理，共同分润。这样通过合资公司，可以给市县投资公司带来长期稳定的收入，也可以在未来多向合资方学习，加强对市场化机制的理解，锻炼属于自己的管理运营队伍。

教育是亘古不变的投资赛道

习近平总书记在中国共产党第十九次全国代表大会上指出，"深化教育改革，加快教育现代化，办好人民满意的教育"。习近平总书记在重庆考察时指出，"再苦不能苦孩子，再穷不能穷教育"。真知灼见见人心，关心下一代就是关心未来。教育从当年的私塾"有教无类",到科举考试选拔精英进入统治管理阶层,再到当前的九年义务教育制和高考选拔的制度确立,考试经过了数千年的演变,标准不断在变,一直没有变的就是遴选出优秀的符合标准的人才。"江山代有才人出,各领风骚数百年",朝代的更迭始终没有阻挡历史进步的潮流,无论是秦皇汉武,还是唐宗宋祖,都是以人才作为时代和国家发展的根基。

"十年树木,百年树人",教育在国家重点关照的范围之内,市县区域对教育的重视度是不言而喻的。几年前无处不在的资本也让市县领导感受到了教育行业投资的火爆,可以说有两条赛道是市县领导们应该重视的。

第一是职业技术教育院校。按照国家统一规划和历史渊源形成的格局,地级市和县尤其是县的大学本科院校资源并不多,即使有也很难进入985、211的范畴,与之相反的是,职业技术教育院校存在的概率很大,几乎每个县都会有一所职业教育技术院校。职业技术教育院校蓬勃发展是国家明确提倡和支持的。2019年1月,《国家职业教育改革实施方案》提出开展本科层次职业教育试点,职业本科的出现成为近几年来国家尝试职业教育改革的转折点。社会上大批的本科生因为在学校里面学不到与社会实践相匹配的知识,从书本上照搬根本不能满足招工企业的要求。增强动手能力,真正培养能做好工作的学生,能让这些学生顺利地完成从校园到社会的角色转变,职业教育学院的职业本科生明显比普通的本科专科院校更具实用性。

目前，各个省份已经陆续将三本院校与二本批次合并，在职业本科体系教育中，其中公办学校共有 10 所，职业本科的分数线在本科线中属于二本批次以上。当前国家非常重视高端制造业、新一代信息技术、新能源新材料等产业的发展，需要相关的专业技术人才，能够迅速融入企业，建设有战斗力的团队。职业本科可以迅速满足社会需求，把学生培养成高级技术型人才，充分体现了国家对就业的重视，也真正地促进了理论与实践的结合，让职业本科生成为职业专科生和普通本科生的差异化存在。

在香港上市的职业技术教育院校如中教控股、希望教育等，市盈率也都在十倍左右，都是非常优秀的职业技术教育院校运营集团。百亿市值的教育集团也屡见不鲜，投资机构看到了退出的可能性，也都用脚投票选择了在这一赛道布局。

第二条赛道是教育信息化、智能化和数字化。2018 年，教育部印发的《教育信息化 2.0 行动计划》明确提出，要依托各类智能设备及网络，积极开展智能化教学支持环境建设，加快智能教室、智能实验室和虚拟工厂（医院）等智能学习空间建设，加强智能教学助手、教育机器人、智能学伴等关键技术研究与应用。

科技的发展和进步应用到学生身上有百利而无一害，国家重视教育表现在教育经费的充足，在选择能够让学生们增长见识、开拓思路的课内课外课程上面，国家从来不吝啬。教育信息化、智能化是当前随着科技发展的趋势，大批的智能化产品应用到教育领域，比如学习机、学校大屏、科技实验室等，都是为了激发学生们的求知欲，达到德智体美劳全面发展的结果。其中，VR/AR教育装备可以增强学生对现实世界中的微观认知，虚拟仿真教学实验平台可以打破物理空间对化学、物理等实验学科的限制，人工智能教育机器人、创客/STEAM可以加强学生对教育装备硬件组装和编程设计的实践，能有效提升他们跨学科融合应用和创新实践能力。

各市县区域的经济发展情况不均衡，各地教育信息化、智能化、数字化水平表现得参差不齐，不过这也意味着市场空间巨大，有大量改进和增补的机会。相应的教育智能装备和信息化公司也受到资本的追捧。之前讲过的市场天花板高是非常重要的原因，还有就是教育经费必须专款专用，有还款来源和账期的确定性，可以保障被投企业有充足的现金流，不太会出现账面现金流为负的现象。

事实上，并非任何教育上的产业链都值得投资。这几年国家出重拳对教育培训行业的清理整顿，也有大批网络红人对教育培训机构无序扩张进行举报，对家长们的教育理念的转变起到了至关重要的作用。学生在学校不好好学习，一定要找名师在课外辅导；老师们不想在学校里帮助孩子们成长，希望在外面的培训班一夜暴富。这样扭曲的价值观，带坏了社会风气。

国家一直喊着给孩子的书包减负，抵挡不住家长们为提高孩子在同龄人中的竞争力而操碎了心，因此再好的政策都会活生生地被教育培训机构的两句话瞬间打败，一句是"别的孩子也在学"，一句是"别让孩子输在起跑线上"。言已至此，教育培训成为资本博弈的工具，也成为各路投资机构争抢的好标的。不过，在国内IPO对教育培训企业限制上市之后，曾经火爆的猿辅导等估值被捧到百亿以上的教培机构，再也找不到上市的路径。投进去的资本退不出来，还没投进去的机构庆幸地拍拍手，一时间"倾巢之下，焉有完卵"。教培行业一破再破，再也没有立起来，资本终于消停了很多。此类企业只能选择在港股或者美股上市，对资本的吸引力骤减。

市县区域的教育培训现在转向体育和艺术类培训为主，舞蹈、音乐，各种体育培训大行其道，扎堆的教育综合体也迅速出现，在商场里面，经常能够看到一整层都是艺术、体育教育培训机构的情况，多数家长在把孩子交付给培训机构之后，便可以解放身心，只需要在接送时间完成义务即可。因此，在商场各个楼层，除了餐饮之外，培训机构也成为吸引人流的重点商铺。

按照消费升级的逻辑，女人和孩子的钱是最好赚的，尤其是孩子的钱。有人开玩笑地说，男人的消费能力则连狗都不如。教育本身是公益事业，围绕教育培训周边可以做大文章，比如体育、艺术类培训机构可以增加相关体育设备、乐器等的消费。

玩具店、文具店、少儿书店卖的产品价格都比较高，电话手表、学习机都是价格不菲的电子产品，基本上在教育培训机构周边开设。餐饮其实一大部分也是为了满足孩子们培训结束家庭聚会的需要，因此生意兴隆。

市县区域先富起来的一批人也有资产管理的需求，本身很多就是企业家致富的。这些人只要有投资思维，对新兴事物比较敏感，要想做个生意，开几个上述细分领域的店就可以了。如果他们想靠股权投资获得投资收益，就需要找到位于国内头部的相关公司，作为投资方谈一个合适的估值，勇敢地投资进去，坐等上市或者被上市公司并购退出。

脑机接口来了，医疗的智能化离不开市县

埃隆·马斯克（Elon Musk）创立的脑机公司 Neuralink，专注于开发侵入式脑机接口技术，其脑机芯片可以连接到人类大脑中的数千个神经元，从而读取和发送信号，实现大脑和计算机之间的交流。曾经在科幻电影《黑客帝国》里出现的脑机接口场景变成现实，让人类社会都兴奋起来。马斯克的脑机接口的设计初衷是人机交互、建立联系、交换信息，加速人类学习知识和应用知识，体验更加真实和沉浸式的虚拟现实游戏，

医疗康养也是重要的组成部分。脑机接口技术分为非侵入式技术、侵入式技术、介入式技术。非侵入式脑机接口技术则无需切开颅骨，只需通过头皮上的电极或其他传感器来采集大脑表面的信号，比如脑电图（EEG）、功能性近红外光谱（fNIRS）等；侵入式技术是指通过外科手术，将电极或芯片等设备植入大脑皮层或深层结构中，从而直接采集大脑神经元的放电活动，再传导到人体的各项器官上，这有点类似科幻电影《黑客帝国》中，通过后脑的神经插槽进入虚拟世界；介入式技术是我国南开大学团队研发出来的成果，通过类似心脏搭桥的微创手术将电极植入大脑的血管壁上，从而实现对大脑信号的采集和控制。非侵入式技术适用于日常的学习和娱乐领域，侵入式技术和介入式技术更适用于医疗领域，介入式技术无需开颅，减少了对大脑的损伤和感染风险，同时保证了信号传输的可靠性和稳定性。

脑机接口技术的使用者就是已故的英国著名物理学家斯蒂芬·威廉·霍金（Stephen William Hawking），他的"宇宙爆炸理论"奠定了天文学的基础。他所著的《时间简史》是全球科学写作的里程碑。霍金21岁时因为患有肌萎缩侧索硬化（ALS，又称渐冻症），导致无法说话和移动，但是他通过一个安装在眼镜上的红外线传感器，来控制一个语音合成器，从而用眼神来选择和发出想说的话，可以源源不断地输出思想和智慧，进行科学研究和公开演讲。由此看来，医疗健康领域会是脑机接口应用的第一站，更有社会价值。

世界上的大多数病症包括渐冻症、瘫痪、失明、失语、帕金森综合征、抑郁症等疑难杂症能够通过人机接口来诊疗和完成痊愈。不管是先天的还是后天的，只要对大脑发出指令，就有可能恢复到正常的人类感知状态。脑机接口目前处于攻坚克难阶段，全球的顶级实验室都在拿脑机接口作为未来研究的重点方向，我国自然也不例外。2020年底，上海瑞金医院成立了"脑机接口治疗难治性抑郁症"临床研究小组。治疗小组将脑起搏器装入人体，由它控制装在大脑中的两条电极，当患者打开"体外开关"时，就能打破抑郁开心起来。

中国信通院在《脑机接口总体愿景与关键技术研究报告（2022年）》中预测，神经重塑、神经替代、神经调控脑机接口技术将拥有数十万亿规模的市场空间。市场空间跟患者的数量是正相关的。根据联合国的标准，65周岁及以上人口占总人口比例超过7%即为老龄化社会，超过14%即为高龄化社会。截至2021年底，中国65周岁及以上人口约达2.01亿人，占总人口14.2%。其中，80周岁及以上的高龄人口已超过3 000万人，预计到2035年将达到5 000万人。这意味着中国已经进入老龄化社会，而且老龄化的速度迅猛发展。另外，根据中国残联统计数据，我国肢体残疾2 472万人，视觉障碍群体将近1 800万人，听力残疾人数达2 780万人。据不完全统计，我国阿尔茨海默病患病率有 6%，抑郁症和焦虑症的患病率接近 7%，其他神经系统疾病患者过千万，并随着老龄化程度提高而快速增长。

由此看来，脑机接口产业链已经被国家列为准支柱产业，未来大发展的趋势颠扑不破。市县乃至乡村作为基础医疗体系比较薄弱的区域，加强医疗保障体系建设是解决医疗问题的关键，患者的数量和病症的数量都是超乎想象的，脑机接口的升级和普及对市县的患者而言，其重大意义不言而喻。脑机接口在市县的普及不仅仅是社会问题的解决，更重要的是能够带来新的产业，带来 GDP、工业产值、税收和就业的增长。我国地大物博，各省市都能够成立相应的区域销售公司和硬件工厂，提升了当地产业的科技含量，也完成了在当地带动一批高科技医疗器械产业成长的可能性。据统计，2022 年中国的农村人口为 4.91 亿人，大批农民不是不生病，而是生病了看不起病，因病致穷的现象屡见不鲜。有的农民并不知道自己生了大病，因为没有常规的体检，也没有足够多的医疗保障，得了病就扛一扛，抗到最后自己的身体就垮了。此外就是县里的医疗水平不够高，大病重病疑难杂症还需要到市里甚至北上广深等大城市诊疗，徒增了医疗费之外的诸多费用，一般的县乡村百姓没办法承担得起。脑机接口需要完备的基础设施建设，但是更需要大量的病症数据来完善算法，相应的病症患者尤其是晚期患者有希望做医疗尝试的心理和生理准备，可以在缓解和破除本身病痛的基础上，完成脑机接口大数据的采集、分析和优化升级，进一步提升脑机接口的成熟度，对患者和医生来讲，都是可以自愿达成的解决方案。

脑机接口可以一次性解决问题，假设算力基础设施和远程诊疗的设施通用起来，远程解决患者病痛就可能会成为现实。2023 年，国家卫生健康委办公厅印发《基层卫生健康便民惠民服务举措》，要求进一步方便城乡社区居民就近、便利获得基本医疗和卫生健康服务，基层医院推行"先诊疗、后结算"。六部委联合印发的《深化医药卫生体制改革 2023 年下半年重点工作任务》表示，2023 年下半年要完成构建有序的就医和诊疗新格局的相关工作：一是建设国家医学高峰和省级医疗高地；二是提升市级和县级医院专科能力；三是完善基层医疗卫生服务体系；四是开展县域医共体和城市医疗集团建设试点；五是发展互联网诊疗和远程医疗服务。截至 2022 年 10 月，全国设置超过 2 700 家互联网医院，地市级、县级远程医疗服务实现全覆盖。在健全"省—地市—县—乡镇—村"五级远程医疗服务网络的举措下，相信在县乡村等偏远地区的居民，完全可以通过视频辅流，与远端专家共享患者病历及影像资料，并由外部专家作出诊断，由当地医生操作，完成相关病症的诊断治疗工作。

人们常说，只要你多活十年，那就意味着在医疗健康技术不断进步的时代，你就能再额外增加两年的寿命。现阶段，脑机接口虽然尚处于研发试验阶段，至少有了萌芽成长为参天大树的可能性，伸向患者的触角在根系扎稳，枝繁叶茂的时候，必然会卓有成效。

银发经济是危机中的转机

2022 年末，我国 60 周岁及以上人口 28 004 万人，占全国人口的 19.8%；其中 65 周岁及以上人口 20 978 万人，占全国人口的 14.9%。预计到 2035 年左右，我国 60 周岁及以上老年人口将突破 4 亿人，在总人口中的占比超过 30%，进入重度老龄化阶段。2021 年全国老龄工作会议明确提出在第十四个五年计划期间大力发展银发经济，启动相应的养老设施。根据媒体咨询数据预测，到 2022 年，中国养老金市场规模可能超过 10 万亿元。国家还为老年人制定了许多社会福利，公园免费、景区半价或者免费、买票优惠等。可能在未来，有钱的都是老年人，正在奋斗的都是年轻人。再过几年，占人口比例重的青壮年也逐渐变老。现在年轻人的消费理念也变了，绝不亏待自己，吃喝玩乐都顺其自然，等他们老了花起钱来也会习惯成自然。

市县主政官员对人口红利的认知观念需要改变，人口红利带来的是劳动力的红利，并没有把老年人带来的康养和医疗红利算进去。不要觉得老年人的增加是累赘，相信他们肯定能给社会带来新的消费场景和生产驱动力。按照这个说法，银发经济真的要来了。2023年8月29日，中国老龄科学研究中心发布老龄蓝皮书《中国老龄产业发展报告（2021—2022）》。蓝皮书指出，2050年中国老年人口消费潜力或将达到406 907亿元，占GDP的比重攀升至12.2%，有望形成经济发展新的增长点。而据复旦大学老龄研究院银发经济课题组此前预测，在人均消费水平中等增长速度背景下，2050年我国银发经济规模为49.9万亿元，占总消费比重的35.1%，占GDP比重的12.5%。

社会上流传一个笑话，说的是年轻人不想努力想躺平，只需要找个有退休工资的对象，靠他（她）养着就吃穿不愁了。玩笑归玩笑，但可以看出，比起压力山大的年轻人，老年人反而乐得轻松自在，有钱有闲有生活。现在我国老年人旅游人数就占全国旅游数的20%以上，还有不少老年人喜欢网上购物。

哪里有机会，哪里就有逐利的资本布局，投资机会来自银发经济带来的巨大市场转机。三亚的养老机构就做到了旅游、医疗、文娱广场舞等一条龙服务，只要有消费能力的老年人一出现，市县能营造优质的生活环境和医疗服务，总会有场景能让他们舒舒服服掏钱，这些赛道可以说是抓住了老年人生理和心理的命门。

年龄的老化是不可避免的，即使有再先进的科学技术和医疗支持，老年人各种磨损严重的零件，也离不开医疗健康器械和保健品；搞不定的高科技产品就需要傻瓜都能使唤得动的智能机器人，人形机器人行业的智能化程度已经超乎想象，不但可以对话，还可以帮助老年人做饭；同时，还有迎合老年人的各种娱乐节目、短视频网站，这些都将成为市场重点布局方向。让老年人花钱刺激消费不是坏事，只要是品牌的公司、优质的产品、优良的服务，都有利于社会和谐和老年人的身心健康。

大家也都在讨论，是养儿能够防老还是养老院能够防老？最近有条标语火了，"三个孩子就是好，不用国家来养老"。生育政策是国家制定的，我们不能左右时代的脉搏，可作为老百姓还是要问，是不是越多儿女越能把我们的老年生活搞得丰富多彩？儿女考上好的大学，找到不错的工作，就会到大城市甚至出国工作，平时连打电话都没时间，更别说想让他们陪老年人去遛弯儿、看病。留在身边的儿女也有，"啃老"大概率会发生。假设养老的钱都被薅羊毛薅光了，你拿啥来养老？万一生病就更麻烦了，人吃五谷杂粮哪有不生病的，可是有句老话讲得好，"久病床前无孝子"，现在家庭教育孵化出一堆巨婴，能保证儿女不拔氧气管吗？

这个命题比爱因斯坦的相对论更难缠，"人老不以筋骨为能"，生物医疗科技的发展让人的寿命越来越长，即使经常锻炼，也难以避免身体零部件的老化，头发白只是影响美观，其实老了也不太在乎了。骨头脆了、心肺功能不全了，连免疫力都降低了，那影响的就是生活质量甚至性命了。

市县要发展康养经济，噱头之一就说自己是离得最近的大城市的"后花园"，后花园的意思就是你想什么时候回来都可以，溜达一圈，散散心、赏赏花、喂喂鱼，什么都不需要留下，只要常来就可以。物流、商流兴起的前提是要有人流，人都没有，哪有买货的，没有办法刺激消费，更不可能拉动GDP。假设没有得天独厚的地理优势和旅游资源，那就要创造舒适的生活资源，比如并不高企的房价，有特色的饮食结构，有竞争力的医疗资源，随处可以见到的优质城市服务设施，主打的就是一个放松，一个你无法在紧张有序的大城市生活中得到的自我空间。有个企业家为了能让身边众多好友能够老有所依，租用了数十年的大片流转用地，起名"半亩田"，意思就是每个人可以按照自己的想法占据半亩地，来修建自己的别墅，房子半亩地半亩，随时可以串门，变成了一个人为的"村落"。市县政府现在土地收入锐减，不如想想这种招数，面向周边大城市开展团购，代建完成便实现了GDP的增长，吸引人来就让当地人口基数变大，也能带动经济的发展小高潮。

2023年4月24日，根据中国老年大学协会的消息显示，全国各级各类老年大学（学校）已达7.6万所，参加学习的学员2 000多万人，已经形成省、市、县、乡镇（街道）、村（社区）五级办学网络体系和15大门类、61个专业、298门课程较为完整的老年教育立体课程体系。2021年11月发布的《中共中央国务院关于加强新时代老龄工作的意见》提出"扩大老年教育资源供给""依托国家开放大学筹建国家老年大学,搭建全国老年教育资源共享和公共服务平台"。按照国家老年大学的说法:国家老年大学为全国各级各类老年大学提供资源共享、教学指导和公共服务,搭建全国老年教育资源共享和公共服务平台,在创新发展老年教育中发挥示范、带动、引领和辐射作用。旨在促进老年人厚德修身、终身学习、主动健康、乐享生活、积极作为,不断满足老年人多样化学习需求,努力为实现老有所学、老有所乐、老有所为创造更好的条件。中国发展的速度非常之快,有句玩笑话说"三年就是一代人",其意不光指城市更新的速度,还有知识更新的速度,都让相差三岁的人在思维方式和行事作风上有很大的差异。社会的进步包括科技产品的推陈出新和迭代,还有流行语言的出现,"火星文"等网络用语还有流行电视剧的台词都让很多年纪大的人不适应。老年大学的出现能让老年人对新事物有更好的接受路径和渠道,能够主动或者被动地更新自己的知识库,"活到老,学到老",学习新技能、新知识可以让老年人的生活充满活力,更有质量更有情趣,大大维护了社会的稳定性。

所以说,人口红利只是转了一个弯,老龄化并非经济下滑没有希望的表现,其中蕴藏着不可多得的机会。就像当年要求大家重视环保，进行土壤、水、空气等治理，因为短期内见不到任何经济效益，只能用行政命令进行强制推行，不做好环保措施就让你的工厂停摆，阵痛是很明显的。阵痛后带来的新盈利增长点是很明显的，很多企业都尝到了环保带来的甜头，多出来的环保设备还可以作为资产打包做 RETIs 产品，在市场上挂牌募资，盘活后继续对工厂进行改造升级。产品的价格也因采购环保设备，成本增加而有所提高。然而，这不但没有影响销量，反而打入了看重环保的欧美市场，另行开辟了一个销售主战场。"祸兮，福之所倚；福兮，祸之所伏。"做生意跟人的命运类似，起起伏伏很正常，只要正确地看到，走过的路每一步都算数。市县政府和企业都要看到新事物带来的新机会，而不是去抱怨改变了老旧的生活方式。历史的车轮无法阻挡，要想办法坐上车，跟着车走一程，才是正确的思维方式。

养老院需不需要商业模式？

截至 2020 年末，我国注册登记的养老机构 38 158 个，养老机构床位 488.2 万张。国务院印发的《"十四五"国家老龄事业发展和养老服务体系规划》提出，到 2025 年，养老服务床位总量达到900万张以上。看着床位多，其实这十年来入住率可是一直下滑的，当前养老机构床位有50%以上的空缺率，陷入了"低入住率—低服务水平—低入住率"的恶性循环。因为入住的很多老人是特困户，社会化功能根本没能有效发挥。护理人员的水平也是参差不齐。民营高端养老院是挺好，不过也是住得起的人去住，住不起的人不敢住。

养老院跟敬老院是有所不同的，敬老院更多的是政府或者集体企业开办的，为特殊老人群体提供服务，主要面向无子女赡养、无固定生活来源、无劳动能力的"三无"人员。敬老院一般收住的都是农村"五保户"老人，财政开销由政府承担，免费收住符合要求的供养老人。养老院一般是企业开办的，民营和国有性质的企业都可以开办盈利性养老院。养老院属于为老年人提供集体居住，并且具有相对完整的配套服务设施，能够快乐地颐养天年。送老人去养老院有点像送小孩子去寄宿学校，寄宿学校还能两三周放假回家，还有寒暑假，养老院是只能偶尔探视和照顾。有的更像严丝合缝管理的监狱制度，要想活得有尊严，现在就得奋斗赚钱，有钱住好的养老院，用好的护工和医疗手段。说到底，目的是让老年人老有所乐、老有所依，企业既要把钱赚到，又要把老人养好。

市县国有机构投资养老院也是为了盈利，算好投入产出比，才能更好地为老年人服务。国家和地方的补贴构成了养老院运营收入的一部分，根据《关于加快发展养老服务业的若干意见》，养老服务业主要以"公建民营、政府补贴、购买服务"等方式为主，国家大力支持社会各界力量以及个人投资兴办养老服务机构。国家对养老院的补助包括：

（1）一次性建设资金补助。对自建养老机构床位数在50张以下，符合有关部门规定资质条件的非营利性民营养老服务机构，并已投入运营一年以上的，按照核定的床位数，给予每张床位不少于4 000元的一次性建设补助；对自建养老机构床位数在50张以上（含50张），符合有关部门规定资质条件的非营利性民营养老服务机构，并已投入运营一年以上，按照核定的床位数，给予每张床位不少于5 000元的一次性建设补助；对租赁经营其合同期在5年以上，符合有关部门规定资质条件的非营利性民营养老服务机构，并已投入运营一年以上，给予每张床位不少于1 000元的一次性建设补助。

（2）床位运营补助。对已建成并投入运营的社会办养老机构，按实际接收本县户籍的老年人数给予运营补贴，运营补贴标准按照不低于每人每月200元的标准确定。接收失能失智老年人，按照其失能失智程度，运营补贴标准分别为200元、400元、600元以上。

（3）承接政府转移补助。社会办养老机构和企业、社会组织承接政府供养的保障对象，按规定标准将其生活、医疗费等补助转入,并给予每人每月不低于600元的购买养老服务补助。

(4)其他专项补贴。社区嵌入式养老机构床位补贴、上市补助(省级金融业发展专项奖补资金)、税收所得税减免、医保定点补贴、用地保障、城企联动普惠养老专项行动补助及其他专项补贴。

泰康人寿、碧桂园、复星集团等建立的养老院都是全国性的。泰康人寿的养老院遍布全国,品质也非常不错,除了一些基础服务之外,还结合寿险主业,为老年人以及老年人的子女儿孙们设计了定制化的保险产品。"羊毛出在羊身上",以养老院来服务主业,商业模式基本是以保险为主业,结合与医疗天然的亲密关系,为老年人提供服务。碧桂园将北京九华山庄整体租下来作为养老基地,秉承的是以"酒店式养老服务"为特色的养老长租公寓,有近千张床位,面向的老年人有自理、半自理、半失能、不能自理、失能卧床、特护、认知障碍、病后康复等各种类型。养老山庄内有温泉公园,也有会议会展、医疗体检、文化社团等全方位服务,形成了优质老年社区。商业模式依然是由主业房地产赋能,只是将房地产的功能多元化,通过销售和租赁房产赚到客户的钱。除了全国性的养老院之外,有特色的也有地方国企办的养老院,比如浙江物产中大办的一些养老院条件也都非常不错,有的就在大商场楼上,生活非常方便。商业模式也是依托浙江物产中大特大型国有控股上市公司做集团多元化运营,做医养一体化服务。

养老院的服务质量与服务人员的职业素养有很大的关系，列举一下某养老院服务的内容，该养老院是根据老人的不同情况分别列出不同的服务内容。针对能够自理的老人，服务内容是"打扫房间卫生，更换饮用水（3～5天/桶），7～10天整理冰箱1次，洗大件衣服（洗衣房），每月15日、30日更换清洗一次床单（洗衣房），半个月晒被褥一次；针对不能自理一级的老人，除了包含上级服务＋晚间护理打、倒洗脚水，冲洗会阴，换季整理衣柜，7～10天给予洗澡（淋浴/擦浴）1次，修剪手足指甲（无灰指甲），清洗便盆（使用托养人便盆），药品管理（摆发药物、喂服药物）；针对不能自理二级的老人，服务内容包含上级服务＋晨间护理（洗脸、洗手、梳头、冲洗会阴），晚间护理（洗脸、冲洗假牙、洗脚、冲洗会阴），穿脱衣物，喂水、喂饭（正常餐），更换体位（床上移位、轮椅移位），更换纸尿裤、更换护理垫，帮助二便清理及清洗。公寓医务室为北京市医疗保险定点单位有专业医护团队，24小时值班，随叫随到。持医保卡就医、购药可实时结算。入住养老院的自理型老人可随时到医务室免费称体重，测血压、呼吸、心率、脉搏。对不能自理的老人，除了包含上一级照料内容之外，每周由医护人员查房一次（特殊需要时每天查房）。包括了解身体情况，测血压、呼吸、心率、脉搏。

养老院属于服务行业，在服务过程中有很多文章可以做。

根据一些养老院的服务内容，护理费和服务费是主要业务收入，还有很多可以合作的商家作为养老院的其他类型收入。很多老年人被骗都是在理财产品和保健品两个行业，俗话说的赚钱和保命，这是人的天性，有钱了就有安全感，有健康的身体活得才有质量。不管是以寿险为主业的公司来办养老院，还是有售房租房需求的房地产公司来运营，都是为了主业服务，只要有足够大的物理空间，就有办法养活自己。比如上面讲的各大金融机构销售产品，自然就要与封闭式的养老院谈条件，销售提成是一定会拿的，还有可能在后端进行分红；保健品生产公司销售完后可以分利润给养老院；引进小型文艺演出可以收取门票费用和场地租赁费用；社区内的百货超市包揽了老年人的消费品；定制化的老年手杖等用品也是可以回笼养老院成本的方式。总之，老年人消费能力并不差，只要有优质的产品，自然就能卖得出去。养老院有点像学校，封闭起来之后就关闭了消费者选择的路，学校的打印店和超市非常火爆，而且不用交税，大批的消费者就产生了，也让售卖者赚到了钱。

除了商业化的养老院之外，上海、北京也在鼓励社区养老。老人住在自己家里，让护工或者护士定期或者不定期地入家护理老人，国家给予补贴津贴。上海已经将这类服务纳入医保名录。养老不仅是国家的福利，更多的是对人性的尊重。

第七章

人工智能的新农村投资

人工智能和新能源最终必然下沉到农村，巨大的市场也在农村。只有让数亿农民的收入水平提高，才能带动农民消费能力的提升，而关键在于国家和企业如何让利于农民。

数字经济、新能源在农村的应用，可以显著降低农民的生活成本；直播带货助农也是乡村振兴的新动力，让消费者吃到更地道、更健康的食品，给农民带来更直接的、无中间商的收入加成，于公于私都会是利国利民的大事。市县政府应该大力扶植这样的企业，有利于提高市县财政收入，以区域化发展带动全国共同富裕。

人工智能全天候时代造就超越美国的可能

习近平总书记强调,保障粮食和重要农产品稳定安全供给始终是建设农业强国的头等大事。2023 年中央一号文件指出,要建设供给保障强、科技装备强、经营体系强、产业韧性强、竞争能力强的农业强国。农业现代化需要有人工智能技术的整体全面应用,才能够让农业生产更加高效,粮食安全的实现更加切实。福布斯报告称,到 2025 年,包括人工智能和机器学习在内的全球"智能"农业支出预计将增加两倍,达到 153 亿美元。研究表明,人工智能在农业领域的市场规模有望达到 20% 的复合年增长率(CAGR),到 2026 年达到 25 亿美元。每个市县都有一部分农业存在,粮食安全的重点也是要保住 18 亿亩耕地红线，要让人工智能带来的农业现代化热潮遍布各农业主产地、产销平衡区、主销区。

农作物升级换代的源头在种子，种子是农业的"芯片"，我们在世界7%的有限耕地上，只能通过提升种子等级，才能够养活世界22%的人口。国家"十四五"规划纲要围绕种质资源保护、育种创新攻关、种业基地建设、种业企业培育、强化市场监管等方面，全面实施种业振兴行动，高产农作物种子的研发对保证我国的粮食安全具有重大战略意义。人工智能的技术加持已经应用到种业各个领域，实现了技术突破。全球首张水稻全基因组育种芯片、世界首张西瓜全基因组序列图谱、全球数量最大的玉米品种标准DNA指纹库陆续出现了成果。人工智能ChatGPT应用在育种领域，通过对海量数据的演算，能够高效快速发现育种的规律，可以大幅减少农业科学家的工作量。

生产需要对土壤进行整理和检测，通过智能化分析，确定土壤适合种植的作物，根据市场供需关系来进行种植，科学种植才能在收获季有良好的收益。通过气象卫星、无人机、遥感卫星等也可以对农作物的生长过程进行监测，进行分析和处理，及时调整农田管理措施，避免出现靠天吃不到饭的现象发生。施肥、除虫、除草也可以用到机器人等人工智能手段，通过监测定点发现哪些农作物有病虫害，病虫害的损害程度到了什么地步，有什么类型和数量。这样充分分析后配比不同量的药剂，需要补充施什么样的肥料，就可以分区域精准对农作物进行施肥和除虫。美国已开始淘汰除草剂（如国内常用的草甘膦），转而采用机器人激光除草技术。我国也研发出了自己的除草机器人，可以通过传感器和高分辨率摄像头收集杂草的位置，通过发出激光束对杂草"斩草除根"。这样既防止了除草剂对农作物带来的危害，又能让杂草变成农作物的肥料，提升产量。无人驾驶机器人通过北斗卫星导航，设置电子围栏对其控制适用范围，防止出现驾驶安全问题。机器人可以在农作物种植、收获和灌溉过程中提高效率和精确度，减少对人力资源的依赖，解放农民的双手。

农作物的种植和生长监测能够保证产品的质量，从源头上提升农产品的安全性，还可以通过科技信息化实现农业精细化管理。建设智慧农业平台的同时对农产品进行溯源管理，从田地到饭桌做到有"权、责、利"的划分，能够对出现问题的环节进行监督和治理。智能大机械化时代已经到来，出现了智能植保农机、智能拖拉机、智能插秧机、智能收割机、智能摘果机等农业智能化设备，通过5G通信和无人驾驶技术，实现农田封闭区域的无人驾驶，真正做到智能化、机械化、现代化。底层智能基础设施的建设，大批瞄准农业场景进行产品设计的企业，在资本的加持下，研发出适合各种场景的智能农业机械化产品，扩大智能化的半径。市县投资机构在原有的投资和未来的投资中，可以选择智能化链条上的优质企业，由应用在自己辖区内的企业来推演下手，进行股权投资，也能获取丰厚的回报。

人工智能对农业现代化影响巨大，也带来了大量的投资机会，类似东北、山东等农业大省的市县投资机构应该注意到植保无人机的投资机会，这个领域是成长非常迅速的市场之一。2022年2月，中共中央、国务院印发的《关于做好2022年全面推进乡村振兴重点工作的意见》提出应提升农机装备研发应用水平，将高端智能机械研发制造纳入国家重点研发计划并予以长期稳定支持。据统计，2022年中国植保无人机市场规模达到了约131亿元，同比增长30%。预计到2023年，市场规模将超过150亿元。植保无人机是人工智能终端在农业上的重要应用，顾名思义就是用于农林植物保护作业的无人驾驶飞机，植保无人机由飞行平台（固定翼、直升机、多轴飞行器）、导航飞控、喷洒机构三部分组成，通过"飞手"（无人机操作人员）进行地面遥控或导航飞控，来实现喷洒作业，可以喷洒药剂、种子、粉剂、撒肥、撒种、撒饲料等多种工作，承包了农民很大的工作量，大幅提高了生产效率。同时，对农药的药剂量控制层面，也更加标准化和流程化，可以节约50%的农药使用量和90%的用水量，对害虫的祛除效果也更加明显。同时，减少农药残留，降低了对环境的污染。无人机搭载传感器和各种智能设备，不断集聚农业数据，从而根据第二年农作物产量和品质的监测，来改善无人机喷洒农药和种子的环节，进一步提升农业产量。

无人机还能带动"飞手"培训市场，培训可以使"飞手"们系统了解无人机的飞行原理，学会拆装、保养等基本工作。由于农业的属地性质比较重，此类培训还能增加市县当地的就业率。植保无人机经过简单的改装，还可以广泛应用于农业植保、电力巡检、物流运输等行业，拓宽无人机的应用场景，增加市县投资的成长和退出确定性。

通过技术遴选种子和土壤适配种植出来优质的农作物只是第一步，智能化采摘分拣是第二步，后续的粮食的储存、运输和加工也是人工智能要改造的几个重点领域。国际上有一条标准：一个国家的食粮储备如果低于 3 个月的居民消费量，就被认为会对粮食安全产生严重影响，所以 3 个月就是确保粮食安全的红线之一。按照联合国粮食及农业组织（FAO）标准，粮食的库存消费比在 17%～18% 就属于安全区域，而目前我国粮食库销比远高于这一标准。粮食存储会有损耗，需要用可靠的人工智能化手段进行管理，这样才能全链条保证粮食安全。中储粮在全国建立起了 980 多个直属库和分库，覆盖全国 90% 的地级城市和 13 个粮食主产区 95% 的县，总仓容、罐容超过 1 亿吨，占全社会仓容的五分之一。根据公开资料，"智能化粮仓"是一种结合现代科技与传统农业的新型粮仓系统。智能化粮仓是人工智能的集中使用终端，依托 5G、物联网、大数据、数字孪生、射频识别（RFID）、智能安防和监测系统等技术手段，对粮仓内温湿度、气体浓度、粮食质量等信息进行实时监测和管理，并通过云端平台实现对粮食储存、防虫防霉、机械设备等全方位的智能控制和监控，实现粮食储存环境的科学化管理，提高粮食质量和保鲜期，减少粮食损耗。销售粮食的网络电商等 B 端企业通过对用户需求分析和产品自动匹配系统，对储存和加工的粮食进行销售，达到快速触达用户，减少农产品变质的难题。粮食加工行业也已经导入了全自动的智能化系统，全程对生产进行监控，通过传感器对实时状态进行监测和调整，尽力确保达到产品质量标准。

新能源是农村投资第二个接力棒

2021 年 12 月，国家能源局、农业农村部、国家乡村振兴局印发的《加快农村能源转型发展助力乡村振兴的实施意见》提出，将能源绿色低碳发展作为乡村振兴的重要基础和动力，支持具备资源条件的地区利用农户闲置土地和农房屋顶建设分布式风电和光伏发电，鼓励建设光伏 + 现代农业。国家能源局下发的《关于进一步落实分布式光伏发电有关政策的通知》提及：利用废弃土地、荒山以及农业大棚、滩涂等，若建设分布式项目，在35千伏及以下电压等级接入电网项目容量（不超过20兆瓦）且所发电量在并网点变压台区消纳，可执行当地的光伏电站标杆电价政策，电网企业参照分布式电源通过"绿色通道"提供高效便捷接入服务。由此可见，国家鼓励农业进行"渔光互补、农光互补、林光互补"，已然开始成为乡村振兴的新生业态，也成为继集中式光伏和屋顶分布式光伏的投资之外最火爆的投资形式。渔光互补是在渔业养殖水面上进行光伏布置，为鱼池提供电能，为林地和农田提供电能是另外两种称呼的原因。这种可持续发展的新能源模式，可以大幅提升土地的利用效率，同时为伴生产业提供能源，减少对生态环境的不良影响，帮助农民增收。

农业大棚使用寿命长达25年，不用每年都拆卸，在大棚上方安装太阳能光伏板，可以实现板上发电、板下种植和养殖的模式，铺设太阳能光伏板和超白钢化玻璃可以节省能源使用，保持大棚内常温状态。另外，通过太阳能杀虫灯，可以减少农作物的病虫害，减少使用农药，降低农药使用费用，提升农作物品质；通过太阳能补光灯，能够人为增加农作物受光时间，缩短生长周期，增加农作物产量，具体可以分为冬暖式反季节农业大棚（种植反季节瓜果类蔬菜）、弱光型光伏农业大棚（种植菌类等弱光作物）、光伏养殖农业大棚（鸡鸭牛等畜牧养殖）、渔光互补农业大棚（鱼虾蟹等水产养殖）等。收益长期稳定，

2021年我国光伏国补已经实现完全退坡，实行平价上网，一些地方的政策仍然给予光伏发电补贴，比如江苏省的农村光伏扶贫补贴标准为每千瓦时0.6元，补贴期限为20年。相关政策拿到手后，能够达到10%左右的投资收益率，市县投资机构的风险厌恶型特点也能够满足，本省在市县地域内，也可以通过投前风控和投后管理来保证投资的收益。

综合利用土地效率的提升让项目申报和建设成为标准化流程，以农光互补项目为例，项目申报流程跟建设一个大项目差异不大，流程复杂且严谨，如下所示：

（1）确定项目类型。农光互补项目有多种形式，如光伏农业大棚、光伏温室、光伏鱼池等，申报前需明确项目类型。

（2）撰写项目申报书。申报书是项目申报的核心文件，需包括项目概况、技术方案、经济效益分析、环境影响评价等内容。申报书应详细描述项目的可行性、可持续性和社会效益。

（3）收集相关资料。申报人需准备项目相关证明材料，如土地使用权证、电力接入协议、环境影响评价报告等。同时，还需收集项目所需的技术文件、市场调研报告等。

（4）提交申报材料。申报人需将申报书和相关资料提交给相关部门或机构，如农业部门、能源管理局等。申报材料应按照规定格式整理并加盖公章。

（5）专家评审。申报材料经过初审后，由专家进行评审。评审内容主要包括项目的技术可行性、经济效益、环境影响等方面。

（6）立项决策。根据专家评审结果，相关部门或机构进行项目立项决策。如果项目被批准立项，将进入后续的规划、设计和施工阶段。

（7）规划与设计。项目立项后，需进行详细的规划与设计工作。包括光伏电站的布局、农业种植或养殖的安排、电力接入方案等。

（8）施工与验收。完成规划与设计后，进行项目的施工建设。施工完成后，需进行验收工作，确保项目符合技术要求和安全标准。

（9）运营与管理。项目建成后，需进行运营与管理工作。包括光伏电站的日常维护、农业生产的管理和市场销售等。

（10）监测与评估。项目运营期间，需进行定期的监测与评估工作，以评估项目的运行状况和效益水平，为后续的优化和改进提供依据。

投资收益方面，一方面有政府对新能源行业的政策补贴收入，另一方面有销售新能源电能的收入，还有一个就是农产品的收入。

"渔光互补、农光互补、林光互补"的建设也需要注意防范风险，光伏组件是非永久性建筑，其建设不能够改变地表形态，不对用地造成压占，也不能影响正常的农业生产，除桩基用地外，严禁硬化地面、破坏耕作层，严禁抛荒、撂荒。"渔光互补、农光互补、林光互补"要为农业生产赋能，而不是一味榨取农业资源。山西省自然资源厅、山西省农业农村厅、山西省能源局、山西省林业和草原局联合发布的《关于加强光伏发电项目用地支持保障》的通知提到，采用"农光互补"模式使用永久基本农田以外的耕地建设光伏复合项目的，需县级农业农村部门出具不影响农业生产的意见；符合"林光互补"要求占用林地建设光伏复合项目的，需县级林草部门出具不影响生态安全的意见后实施。一些无良的建造类企业为了降低造价、片面追求发电效益，光伏阵列间距过短、支架高度过低，导致农业生产无法开展，这跟当年无良房地产商为了利益将楼间距缩小、违规调整容积率的做法如出一辙。在施工过程中，还会出现建设企业伪造、编造虚假申报材料以期套骗资金、工程量"报大建小"、一次申请重复申报、将光伏板以次充好等做法，最终出现工程质量不达标、后续运维和发电量难以保证的烂尾工程，给当地政府和农民造成了严重的经济损失，对这类企业需要进行严惩，工程建设过程中要有专门的机构和人员进行监督。另外，涉及土地权益的占用，一定要避免出现腐败现象，避免出现权力寻租的丑恶现象，需要切实给农村以实惠的补助和奖励，真正实现产业互补带来的经济效益，进而对社会效益产生积极影响。

市县对光伏互补类项目进行投资，也要注意对相关设施的风险进行关注。"渔光互补、农光互补、林光互补"项目的建设地很多是欠发达地区，电网建设条件不一，有增容扩容的需求，线路建设相对比较薄弱，当地企业的消纳能力有限也是阻碍此类项目推进的重点。市县可以借助光伏指标的掌控力，要求相关投资企业引入一些工业企业，用光伏发电作为直供。这不但可以降低企业用电成本，还能够为新能源发电找到消纳对象，达到供需关系平衡，实现产业投资的平衡布局。国家电网也应该根据当地光伏发展速度，加快对电网设施的更新改进，避免在未来出现电力供应不济的风险。光伏互补类项目建成后要注意对设备的清洁和修补，这需要增加一部分就业人口，并对其进行培训，提高光伏设备的寿命和利用率。

乡村振兴离不开直播带货

根据农业农村部的数据，截至 2022 年底，全国返乡入乡创业人员数量累计达 1 220 万人，带动乡村就业超过 3 400 万人。农村返乡入乡创新创业覆盖率达到 83.6%。到 2025 年，全国各类返乡入乡创业人员有望达到 1 500 万人以上。返乡创新创业的热潮得益于互联网的快速发展，大批互联网大厂下乡给乡村振兴带来了一抹亮色。短视频直播平台还没有兴盛之前，最早开始行动的是阿里巴巴的农村淘宝。据称，作为阿里巴巴的战略项目，阿里巴巴将与各地政府深度合作，以电子商务平台为基础，通过搭建县村两级服务网络，充分发挥电子商务优势，突破物流、信息流的瓶颈，实现"网货下乡"和"农产品进城"的双向流通功能。淘宝下乡确实轰动一时，也让不少农村对互联网有了初步的认识，算是乡村振兴预热版的启蒙。

直播带货，是直播娱乐行业在直播的同时带货，由主播在直播间里推介，也称为"好物推荐官"。目前中国的直播平台包括传统电商平台巨头新开辟的直播功能，如淘宝直播、京东直播、美团直播、拼多多直播等；也包括娱乐社交平台、功能软件平台开辟的直播购物功能，如抖音、快手、得到等平台。2023年9月12日，快手集团的追光大会宣布发起村播"繁星计划"，未来三年将投入100亿流量、5 000万现金，培育100万村播，1 000名乡村创业者，为160个国家重点帮扶县输送人才，进一步提升乡村人才密度。据《村播助燃乡村经济价值发展报告》显示，2023年1月至6月，快手通过线上线下培训村播数量达10万，带动25万人就业。快手村播覆盖25 864个乡镇，覆盖新农人、新非遗匠人、村BA记录者、民宿推广师、乡村园艺师等16个新职业。2022年10月23日，农业农村部科技教育司印发《2022—2023年国家乡村振兴重点帮扶县"农村青年主播"培育工作方案》，以提升160个国家乡村振兴重点帮扶县农民收入和壮大县域经济为工作目标，聚焦农村电商短视频和直播领域，突出对青年农民的技能培养、实践转化，通过线上学习、集中培训、流量扶持、平台赋能等培育环节，培养一批掌握短视频和直播"新农技"，带动农民增收致富和宣传推广乡村发展的"农村青年主播"，营造国家乡村振兴重点帮扶县"农村青年主播"促进乡村经济发展的良好社会氛围。

网红并非贬义词，是中性词，"KOL＋新媒体"时代的到来，网络红人利用自己的影响力，对乡村振兴和地方经济特色文化导出都会有积极的影响，只要用法得当，引导有力，就能产生可圈可点的作用。直播的时效性刺激了消费者们的购买力，在销售的产品受到自己喜欢的网红们背书后，在快速收到货品时，他们的购买冲动得到了满足，从而避免了退货犹豫期和反悔期的出现。只要能够保证在直播过程中不存在销售误导和虚构欺诈行为，直播带货基本上能带来不错的个人收益和社会价值，能够为市县当地的农产品销售贡献力量。

话说回来，虽然本身不是"表演性人格"，也不是新闻科班出身，但是许多市县当地的领导和文旅局长们也相继躬身入局。2020年3月，陕西周至县、宁夏同心县、吉林靖宇县、陕西宜川县、黑龙江虎林市和重庆石柱县的6位书记、县长，走进"战

'疫'助农"抖音直播间,向网友们推荐当地特色农产品。官员们纷纷借助当地特色服饰、风土人情、地理风光等内容,摆好造型说好宣传语,收到了宣传当地旅游文化和特色产品的功效,"金石压钱,有技则拿,无技则过"。官员们靠直播博眼球不要掺杂政绩观,不能背离了初心,而是需要真正立足于帮助当地农民或者旅游景点快速在网络传播,要真心地为人民而直播。"眼球经济"能够依托官员职位的新奇度和设计策划的"爆点"吸引互联网的注意力,更重要的是真正地做到一切如实际所呈现的那样,在当地有优质的农产品和旅游风光,当地政府部门的服务意识能够吸引到游客,甚至能够吸引企业和人才的落地。"箭在弦上,不得不发",既然历史的使命让官员们选择"开了弓",就要把后续的"箭"射准十环,射得好的话还能一箭三雕(图7-1)。

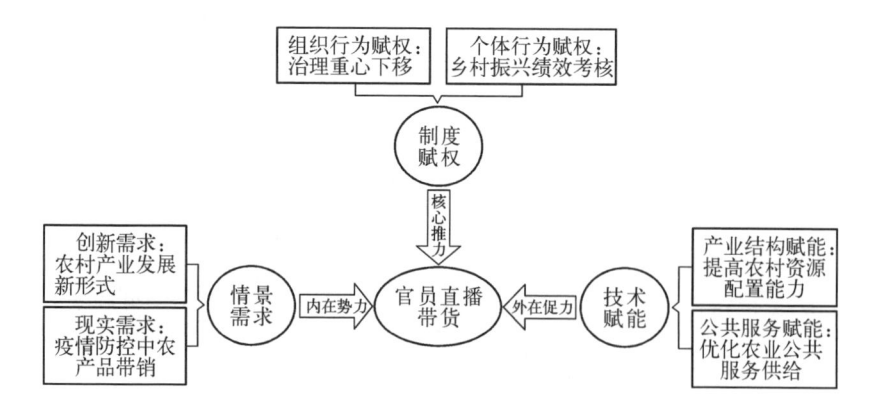

图 7-1 官员直播带货的形成机制

直播不是法外之地。据《中国新闻周刊》记者刘向南报道的《摆拍卖惨，直播带货牟取暴利，网红"凉山曲布""凉山孟阳"被查》，凉山公安侦查发现，2022年以来成都某传媒公司通过话术、剧本摆拍贫困、悲惨身世的短视频，刻意包装公司旗下"凉山曲布""凉山孟阳"等多个网红主播，雇用"网络水军"在平台涨粉引流、刷量控评，不断哄抬主播直播间热度，直播带货假冒的原生态农特产品，达到高额销量目的，牟取暴利，严重扰乱网络市场经济秩序，抹黑脱贫攻坚成果。2023年7月，凉山公安组织警力分赴四川成都、江苏南京、河北雄县、上海等地对犯罪嫌疑人开展集中收网工作，捣毁涉嫌虚假宣传网络传媒公司5个，"网络水军"公司3个，抓获犯罪嫌疑人52人，查获涉案虚拟账号1 500余个，冻结涉案资金500余万元，缴获制假设备3套，制假原料30余吨。

各行各业良莠不齐，直播也需要有规范出台。2021年2月9日，国家互联网信息办公室、全国"扫黄打非"工作小组办公室、工业和信息化部、公安部、文化和旅游部、国家市场监督管理总局、国家广播电视总局七部委联合发布《关于加强网络直播规范管理工作的指导意见》，对网络直播进行了相应的指导，明确了平台和直播个人在日常工作中需要遵守的规范。各大直播平台对网络主播的监管也都有各自的标准和手段。比如，2019年1月28日，湖北省标准化学会、武汉市软件行业协会和武汉斗鱼网络科技有限公司，联合发布了《网络直播平台管理规范》，这是中国直播行业发展正式出台并实施的首批网络直播团体标准。该规范明确了直播平台的主播监控、账号监管、平台巡查等多个方面内容，并对主播着装要求、准入标准、直播内容等进行了规范。此外，重点规范了用户举报内容，要求直播平台应设置便捷醒目的用户举报通道，确保全天候畅通；对于网友举报的违规账号，直播平台应在接到举报后90秒内，对其进行强制禁言、封号等处理。

由此看来，这些规范已经很好地起到了"良币驱逐劣币"的作用，大批违法违规的网红被查禁封号，有的还被处以刑事处罚。警示效应的力度很大，能够在很大程度上改变早前那些网络暴力和色情擦边的直播内容，减少低俗、庸俗、媚俗的网红或者直播出现。

市县领导要思想更开放一些，认识到直播对乡村振兴的意义，认识到返乡人员增多对经济发展的意义。拿出更好的鼓励政策和补贴，鼓励返乡人员创业，要算大账。流动人口和常住人口的增加，在原来意义上的人口红利逐渐消失的时代里，人多就是力量大，返乡人口增多，不但可以带来大城市更加有竞争力的思维方式和工作方式，为当地经济提供可行性较强的方案，还可以解决部分留守儿童、空巢老人等社会问题，减少不稳定因素的出现，也能不断增加年轻人的亲情指数，增强家乡的情感。

中医药材产品是健康行业的投资热点

随着人民收入水平和生活水平的提高，经济下滑带来的工作压力加大和失业率提升，越来越多的人处于亚健康状态。按照中医理论，可以通过中医针灸、按摩加中药材药补的方式对身体进行调理，以恢复健康。根据 Markets and Markets 中医药研究分析，2023 年中国的中医药市场规模估计将达到 1 009 亿美元，其他地区市场规模则会达到 411 亿美元，全球市场总体将达到 1 420 亿美元。

我国中药材资源丰富，品种达 1 000 多种，常用的 600 多种中药材中，有 300 多种已实现人工种植。2023 年，国务院办公厅下发《中医药振兴发展重大工程实施方案》，认为需要"加快促进中药材种业发展，大力推进中药材规范种植，提升中药饮片和中成药质量，推动中药产业高质量发展"。一是引导地方建设一批道地药材生产基地。二是建设一批珍稀濒危中药材野生抚育、人工繁育基地。三是制定常用 300 种中药材种植养殖技术规范和操作规程。四是广泛开展中药材生态种植、野生抚育和仿野生栽培，开发 30～50 种中药材林下种植模式并示范推广。五是统一中药材追溯标准与管理办法，依托现有追溯平台，建立覆盖主要中药材品种的全过程追溯体系。六是依托现有药品监管体系，搭建一批中药材快速检测平台。中药材除了能够治病救人之外，还有相当可观的产业价值和传统文化传承的历史属性。随着国内政策扶持中医，中药材的应用也必然越来越广泛。艾媒咨询数据显示，2022年中国中药材市场规模达到1 708亿元，预计2024年将超过2 000亿元，中药材市场规模复合增长率超过10%。在尚有贫困县的年代，中药材种植一直是扶贫的优选方式，贫困县的农民可以通过将中药材卖给中药企业或者代理商，赚取比传统农作物更高的收益。

据公开资料显示，2017—2020年，国内中药材种植面积从3 466.89万亩增长至4 358万亩，期内年均复合增长率达5.89%。预计到2025年，全国中药材面积将稳定在4 500万亩左右。中药材讲究原产地的疗效，也就是所谓的道地原则。道地药材是指在一特定自然条件、生态环境的地域内所产的药材，因生产较为集中，栽培技术、采收、加工也都有特定的古法炮制，因此较同种药材在其他地区所产者品质佳、疗效好。因为道地药材种植区域有限，然而包括日韩在内的中药材需求又很旺盛，市县投资前期种植产业，效益会很可观。

《中医药发展战略规划纲要（2016—2030年）》提出，要推动中医药技术、药物、标准和服务走出去，促进国际社会广泛接受中医药。对于属于传统道地原则产地的中药材种植基地，村集体和村民都可以因为中药材种植而受益，可以解决当地的就业问题。不过，根据现在智慧化农业的发展速度，大棚种植也开始盛行。如果不是要求特别严苛，可以在生长地相似度高的地方种植同类型的中药材。国家已经组织各地在中药材种植上进行突破，包括在全球寻找经纬度、气候、空气、土壤等相似的全球同类地区开展中药材试种植活动。2015年，湖南靖州茯苓纯菌丝种"湘靖28号"首次落根非洲马达加斯加并大获成功。非洲少数国家是认可中药材种植的，埃及、马达加斯加、摩洛哥、突尼斯、南非、利比亚等国家已经采取商业化药用植物种植，而大部分非洲国家还是通过原始采摘野生中药材，即使是组织农业化种植，形式相对比较粗放，并没有形成完整的中医药产业。国内的中医药生产基地所在市县也可以通过中医药种植和人才的输出，来增加中药材的产量。非洲的人力成本比较低，我国可以通过中药材贸易获取不菲的收入。东南亚也有种植中药材的农民，我国同样可以通过贸易满足国内中医药的需要。

中医药产业链较长，包括上游中药材种植、中游中药的生产制造、下游中药流通并最终到达消费者手中。其中中药材、中药饮片和中成药的生产和加工制造是最重要的三个环节（图7-2）。目前，中药材也存在各个环节的标准缺失，需要重新制定等问题。按照2021年国务院办公厅发布的《关于加快中

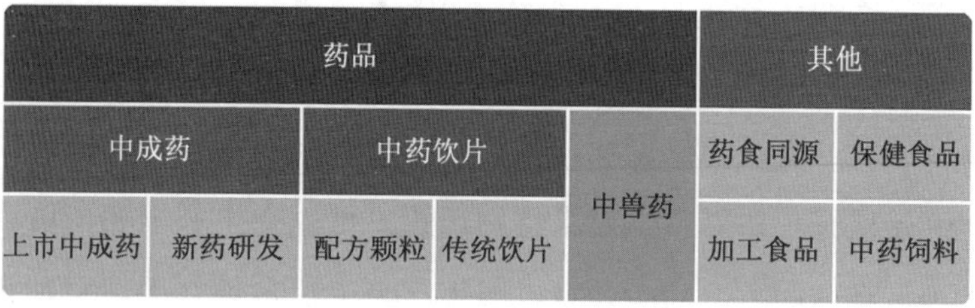

药品				其他	
中成药		中药饮片		药食同源	保健食品
上市中成药	新药研发	配方颗粒	传统饮片	加工食品	中药饲料

（中间列为"中兽药"，跨中药饮片与其他之间）

图 7-2 中药工业产品分类

注：图片来源于网络。

医药特色发展的若干政策措施》，需要尽快制定中药材采收、产地初加工、生态种植、野生抚育、仿野生栽培技术规范，推进中药材规范化种植，鼓励发展中药材种植专业合作社和联合社。中医药种植包括常规化、规模化、标准化种植方法，还有在高秆农作物间进行套种的方式，在果园、树林、茶树下套种的方式。另外也有结合旅游业做观光旅游、农家乐、养老院等高收益种植方式。这样可以把业态多元化，增加种植作物农民的收入，增加土地收益率。中药材种植的数字化升级也提上日程，据公开资料显示，2022 年 9 月 19 日，云南白药数字三七产业平台 2.0 启动。这个平台实现了从种植端开始，良种选育、科研种植、生产（前处理—提取—制剂等）、第三方检测、现代仓储、精确配送等各环节的可视化和数字化管理，运用全新的技术建立用户与三七产业参与者的沟通桥梁，消费者可通过购买的药材进行全流程追溯，包括购买渠道、生产线、具体生产合作伙伴，甚至每块地里的每一株植物。

中药材种植已经在结合新能源做"药光互补"，跟"渔光互补、林光互补、农光互补"形式相似。云南省临沧市云县爱华镇永胜村老虎箐已经试验在光伏板下种植黄精、蔓荆子、百部、金银花、白芨等。通过加载光伏板不但可以发电，而且还可以大量吸收、反射昆虫繁殖所需要的蓝紫光，中药材的病虫害的发生将明显下降，农药用量大幅减少。良性循环下来，中药材的农残也明显降低，在未来用药时，可以大幅度提高药材的可用性和安全性。因为此类项目合作方基本是央企国企，或者是资金成本较低的外资企业，发起企业实力较强，项目融资周期较长，"药光互补"类项目一般都可以得到市县当地银行的金融支持。

在中药材流通方面，我国四大药都分别是安徽亳州、河北安国、江西樟树、河南禹州。药都之首亳州是全球最大的中药材集散中心和价格形成中心。中药材的价格波动影响了中药企业和各大中医药堂的业务，但是市场调查显示，中医市场并没有因为药材价格上涨而萎缩，反而增长迅速。

近几年，中药材后市场开始崛起，同仁堂、片仔癀、东阿阿胶、云南白药等中医药巨头已经开始布局，市县也可以在中医药标准化产品方面进行投资，培养一批标准化中医药饮品或者温补汤剂的企业。不妨将补充人体精力和能量的中医温补药方，比如温里解表、益气健脾的桂枝人参汤，温中散寒、补气健脾的理中汤，调理气血、治疗亚健康的气血三宝汤等，通过现代工业的制作方法，将其打造成一款功能性饮料，做好品牌宣传和质量控制，通过传统营销及线上短视频直播等形式，在全球推广。这样既可以体现中医药传统文化的博大精深，又可以让标准化、工业化产品便捷快速地送到消费者手中。举一反三，可以将有营销能力的企业培育出来，作为当地的龙头企业，还能够带动当地中药材的生产价格上升和生产规模扩张。

现代年轻人重视外在形象，药妆面膜也一直很受欢迎，中药材功能性提取物在化妆品中应用广泛，老牌中医药企业通过深厚的研发能力，推出用于嫩肤、美白、防晒、祛斑、抗衰老等功能的产品。据智研咨询推出的《中国中药化妆品行业市场研究报告（2023版）》提出，我国中药化妆品市场规模从2013年的170.6亿元增长至2022年的749.6亿元。按使用频率计算得出，最常用作化妆品的中药依次有：白芷、麝香、白附子、川芎、杏仁、茯苓、防风、玉竹、细辛、白僵蚕、当归、白术、桃仁、天花粉、白瓜子、白及等。不管是新入局的化妆品企业，还是老字号的中医药巨擘，都将中药化妆品作为新的业务增长点，不但能够增收业务收入，还能带动中药生产种植市县的经济发展。市县国有投资机构在摸清楚当地中药下游客户的主要产品后，可以在一级市场或者二级市场进行投资，化妆品市场的巨大规模可以为中药化妆品提供广阔的发展前景。

第八章

市县投资新赛道

新赛道涌现出新业态、新模式、新技术，丰富了应用场景。新赛道提高的是生产效率和生产力，降低的是成本，普及的是科技意识。

新时代各个行业都在集群发力，带来新的发展格局。主政官员要善于为当地"把脉"，找准新赛道，推动产业升级。在赛道上要想加速领跑，政府要因地制宜，营造优良的营商环境，助推龙头企业发展。若想在赛道上长久发力，则政府得优化产业发展生态。政策加服务，才能蹚出县域发展新路子。

商业航天离市县并不远

埃隆·马斯克（Elon Musk）是商业航天领域的领军人物，SpaceX 公司成立后推出卫星互联网计划，全球低轨通信卫星的数量激增，正在酝酿发布自有品牌的手机，让通信收费变成历史。SpaceX 公司创造出了可回收火箭，大大降低了卫星发射成本，一边打造自己的星链计划，一边承接各国的卫星发射行动。截至 2023 年 5 月，SpaceX 公司已经发射了 4 200 多颗宽带互联网卫星，不断扩大在地球上空的覆盖范围，人们经常在晚间看到一行一行的"星链"在天空中游弋。近期，SpaceX 公司更是启动开往火星的"星舰"，探索宇宙寻找类似地球的生存空间。商业航天的崛起源自人类对太空的陌生和向往，遵循国际上

"先到先得"原则，一国对太空开发越早，获得的太空资源就越多，对该国的航天事业发展就越有利。无论是登月计划还是美国、俄罗斯、中国的太空空间站，都将太空列为无尽资源的获取地和必争之地。为此，国务院国资委成了中国卫星网络集团有限公司，致力于打造卫星互联网产业发展的核心力量和组织平台，为用户提供先进、优质、安全、经济的空间网络信息服务。也就是说，我国正在积极发展星链计划，并做了万颗级别的卫星发射规划，中国版本的星链计划也将在2024年启动。

中国对商业航天领域的放开起源于2014年，当年11月，《国务院关于创新重点领域投融资机制鼓励社会投资的指导意见》，明确提出完善民用遥感卫星数据政策，加强政府采购服务，鼓励民间资本研制、发射和运营商业遥感卫星，提供市场化、专业化服务。自此开启了民间资本参与国家民用空间基础设施建设的大门，同步拉开了中国商业航天序幕。2015年起，国家发展改革委、财政部、国防科工局等多个部门陆续出台了《经济建设和国防建设融合发展"十三五"规划》《国家民用空间基础设施中长期发展规划（2015—2025年）》《2016中国的航天》白皮书、《中国北斗卫星导航系统》白皮书等政策文件，均明确表示支持商业航天产业发展，体制内的航天人开始走向市场化，资本也开始在政策的引导下下场投资商业航天领域的企业，比如蓝箭科技、零壹空间、零重空间、银河航天、星际荣耀、微纳星空等,有火箭发射企业,有卫星制造和服务企业,创业团队的共同点也很明显,基本上是体制内的央企公司人才外溢,形成了现有的商业航天公司产业链体系。

各地在中央政策的引导下,也纷纷开始建设航空航天产业园,针对航空航天类企业制定各地区域性政策。大批的人才被当地国有资本和丰厚的订单所吸引,纷纷落地重庆、西安、成都等各大自带军工和航天基因的城市。资本对企业的追捧效应和就业范围的扩大效应传导到学校,航空航天类院校相关专业生源建设也得到了长足的进步。

太空产业在各个国家眼里都是一块聚宝盆,深层次的航空航天技术研发不但能够带来团队研发能力的提升,还能转为民用,提升人民消费产品的体验,创造更多的民生领域的财富。浙江时空道宇科技有限公司是吉利集团旗下的科技创新企业,吉利官方宣布打算在未来的三年时间共计发射72颗卫星,组成名为"吉利未来出行星座"的低轨小卫星群,为新能源车的L5级别自动驾驶提供更精确和可靠的厘米级别的定位和导航服务。经过信息化升级,它可以开通双向卫星消息和卫星语音通话服务,在无地面网络覆盖或地面网络受损的情况下,实现收发消息,卫星通话,遭遇紧急情况时,可以精准卫星定位,方便完成救援。新能源汽车作为国内汽车产业对欧美燃油车时代弯道超车的标杆,智能网联汽车并不是说说而已。卫星服务可以给作为国民经济第二大支柱产业的汽车产业注入了强心针。

根据美国卫星产业协会（SIA）发布的《卫星产业状况报告》显示，2022年全球卫星产业链共实现收入超3 840亿美元。卫星行业离市县领导的认知也并不遥远，以A遥感卫星企业为例。A企业的团队核心人员为航天X院的科学家，获得过科技进步二等奖，在卫星行业深耕十多年。在拿到大批的早期资本支持后，组建了完整的经营管理团队，主营业务是微纳卫星组部件研发与销售和卫星整星研制与在轨交付，以及遥感数据应用服务，也发射数百颗卫星，搭建属于本企业的星座，建设卫星数据服务的平台。对市县的服务美其名曰"领导驾驶舱"服务，即市县领导在办公室里就能得到"空天地"一张图——高频遥感监测解决方案，可以对自然资源包括林业、国土、城市、渔业管理、生态环境、精准农业、应急管理、财务招商、商业服务和军民融合等知晓并作出决策。只是看到企业落地和动态，享受不到商业航天带来的高科技服务，市县级领导就没有直观的感知，现在有地面卫星服务后，商业航天带给政府的先进性、准确性、实时性便利也就一目了然了。

我们发射火箭和卫星，最终要在地面服务于市县的收益中完成投入产出的转化，主要的服务客户有中央各级政府、军队、武警等。各级政府的部委办局都有自身业务的诉求，也都需要模块化满足。通信、导航、遥感卫星是卫星的主要分类，通信领域的产业链已经很明确了，终端有卫星电话，像华为最新款手机已经推出了卫星通信功能，还有中国电信专用的卫星终端，在遇到地质灾害等不可抗力的时候，基站服务不畅通的解决方案就是使用卫星通信。卫星通信终端的使用能够快速地完成灾害预警，导航卫星可以迅速完成伤员和受灾地的定位，救援飞机和车队锁定后通过卫星进行导航。遥感卫星可以拍摄照片监测最新变化，以便做好预警和防范措施，并在事后进行灾害推演，形成数据集，防患于未然。大批的卫星手机终端在应急管理的前提下，被市县级政府采购，在一定程度上保障了人民的生命和财产安全。

在国防军工板块，自研的卫星通信、导航和遥感都是保障国家安全的利器和必然选择，装甲车、坦克等地面机动部队在行进过程中需要有准确及时的信号传输，自研的卫星无疑是最佳选择。军舰在海上信号传输也需要依赖卫星，因此卫星应用场景巨大。卫星直接服务的客户属于此类优质客户，火箭又间接地为卫星提供发射服务，只有在太空布满足够多的卫星，才能搭建"星座"，为军方和政府客户提供优质的服务。在投资者看来，这些客户无论是付款账期还是信誉度都有很强的背书，这也是大批资本敢于踊跃进入此领域的重要原因之一。

顺势而为，专注致远。商业航天领域在市县的应用会越来越被世人感受到，其带来的服务也会润物细无声地融入人民的日常生活中来。对于优质团队的初创型商业航天公司，市县级别的投资公司是可以尝试一投的。经过尽职调查之后，只要团队技术先进性和稳定性过关，假以时日予以商业化，市县投资在资本市场层面，也会收到不菲的收益。

漫长的供应链驱动第一、第二、第三产业全线协同

第一、第二、第三产业划分的标准最早是由英国经济学家阿·费希尔在他1935年出版的《安全与进步的冲突》一书中提出来的，他认为第一、第二、第三产业是社会劳动部门，根据其在社会分工体系中出现的先后顺序和与人类需要的紧迫程度的关系划分出来的。2018年，国家统计局又根据新颁布的《国民经济行业分类》（GB/T 4754—2017）指出，第一产业是指农、林、牧、渔业（不含农、林、牧、渔专业及辅助性活动）。第二产业是指采矿业（不含开采专业及辅助性活动），制造业（不含金属制品、机械和设备修理业），电力、热力、燃气及水生产和供应业，建筑业。第三产业即服务业，是指除第一产业、第二产业以外的其他行业。第三产业包括：批发和零售业，交通运输、仓储和邮政业，住宿和餐饮业，信息传输、软件和信息技术服务业，

金融业，房地产业，租赁和商务服务业，科学研究和技术服务业，水利、环境和公共设施管理业，居民服务、修理和其他服务业，教育，卫生和社会工作，文化、体育和娱乐业，公共管理、社会保障和社会组织，国际组织，以及农、林、牧、渔业中的农、林、牧、渔专业及辅助性活动，采矿业中的开采专业及辅助性活动，制造业中的金属制品、机械和设备修理业。

社会的正常运转离不开三个产业的协同平衡发展。第一产业要在保证国家粮食安全的基础上，对产业链进行延伸，比如对农产品进行加工的食品工业，将农产品结合到特色旅游中的服务业。举个例子，宁夏滩羊是知名度非常高的羊肉，养羊属于第一产业；工厂屠宰羊，在工业化流程下制作成标准化的羊肉食品属于第二产业；通过冷链物流经过沿途的仓储，将新鲜羊肉或者冷冻羊肉送到餐厅等地方做成羊肉串、羊肉汤、烤全羊或者等待旅游者吃住一条龙农家乐又是第三产业的表现。产业链并不长，能够体现出来的是肉制品的产业链延伸，每一步都增加了附加值，也让食物的保质期和运输半径加速增加，最终铺开的市场也越来越大，用户数由原来的近距离食用变成了全球都能够吃到正宗地道的滩羊肉。市场被打开，知名度和品牌美誉度也得到了提升，得益于产业链在各行各业支持下的延伸，达到了完美的协同状态。

再举个例子，新疆籽棉采摘下来做成皮棉，再做成牛仔裤或者纺织成衬衫、T恤衫都能提高附加值，再加上品牌宣传推广、加快物流速度等服务，很快就能让低价的籽棉变成数十上百倍于其价格的消费品。产业链的增长能够让各个产业都受益，第一产业源头的种植行业在土地方面实现了经济作物增值；第二产业养活了大批的工人，实现了消费人员的增加和消费水平的提升；第三产业更是让产品本身得到了大量潜在客户的关注，完成最后一步变现获利，来支付之前提前垫付的成本，同时也让银行、供应链金融等金融服务业赚到了金融的红利。

中国不缺少供应链，也不缺少供应链金融，中国人的聪明才智可以将产业链每一根毛细血管都用到极致。网络上有一个中国所谓的"国民消费品牌"诞生并流行的路径分析：先去低中端直播间冲销量扩产能，再去网络流量大网红定位较高的直播间扩人群，最后再加价，用溢价的利润请个流量小生或者小花当代言人，以此洗掉低价和微商标签，经过这一系列"神操作"，一个新国民消费品牌就真的壮大了。中国供应链的完备程度称霸全球，只要在全球某个地方找到人买，就能够在中国找到合适的产品，然后通过宣传和特殊的渠道进行跨境电商销售，起一个能够朗朗上口的品牌名称，找到足够低廉的物流和仓储供应商，立刻就可以开始变现了。产品附加值的不断提升，就是按照上面的做法一步步实现的。

市场上所谓的品牌定位比如奢侈品和轻奢产品，它们的成本不只是在制作上，还有在品牌的建设上，并非你看到的只是拿了个小牛皮做了条腰带，背后还有大量的公关团队帮忙讲述吸引人且历史悠久的品牌故事，在各大媒体上扩大影响力，花大价钱请模特组织全球时装发布会，这些配套的付出都会体现在终端产品的价格上。一层层的成本加码，总要有人来埋单，目标消费人群早就已经在产品品牌策划初期锁定了，就是更加重视品牌知名度、产品使用场景等方面的消费者，这些消费者有自己的消费理念和消费能力，并非都是人多钱傻的笨蛋。应用场景比如新闻发布会、时尚晚宴、慈善晚宴、酒会等高端场合和宴会，一方面需要有奢侈品牌加持，能够让大家知道你的财力物力；另一方面展现自己的魅力，能够找到合作伙伴，挖掘出新的合作机会。所有的成本都会转化成新的生产力，只有这样才能维持产业链上的企业或者个人的生存空间，并且将其不断地发展壮大。

第二产业和第三产业结合更加紧密和全面，供应链的完善可以让品牌创意迅速完成变现，当然不能脱离市场，在将品牌养成的初期，市场调查是绝对值得花钱的所在。作为"中国家电之都"的广东顺德，拥有家电生产及配套企业3 000多家。"佛山电商第一股"的小熊电器在进入市场时，花了不少市场调研费用。调研得出，在厨房下厨的以女性为主，职业女性在职场压力比较大，回到家后还需要做饭，需要找到缓解压力的方法。后来发现淡绿色等颜色可以减缓压力，女性也偏爱粉色系，于是在多品类 SKU 中大量使用了这两种颜色。在小家电"颜色革命"后，电商对母婴等消费群体进行了精准营销，收入连年大幅度增长，给小家电行业树立了市场营销和品牌建设的榜样。经过多年的发展，小熊电器已经成为百亿市值的小家电企业龙头，此后开始调整发展战略和经营策略，走精细化路线和高客单价产品，大幅缩减 SKU 数量。从小熊电器的毛利率浮动变化来看，2020—2022 年分别达 32.43%、32.78% 及 36.45%，2023 年的中报再度提升至 37.71%。

市县主政领导在企业管理上没有企业家们的市场化程度高，但是在产业规划上是要比作为个体出现的企业家们略胜一筹的。原因不仅仅是市县主政领导通过自上而下的体制得到第一手的国家宏观政策消息，更是有一大批班子在背后出谋划策，得到的信息就区域而言是最全面的，有基数庞杂的信息支撑，能够拿出更全面的方针政策，并予以细化和试行。规划在试行一定时期后，能够通过效果反馈，进行修订并正式颁布。市县财政资金对产业整体布局进行投入，当地国有投资机构可以对产业链上行政命令能够完成的产业细分领域进行布局，市场化程度高能够带来更多就业和市场活力的产业细分领域由民营企业来布局。在一个新市场出现时，里面的玩家很快就会模式升级、技术升级，很容易就让新市场由"蓝海"变成"红海"，所以要根据企业性质来分工，不能一股脑儿都扎进一个产业细分领域，否则不但会造成人力、物力、财力的浪费，还会造成产业的恶性循环和不良发展。

机器人大踏步走向市县企业

机器人是真正的让科技改变世界，解放人类双手的必由之路。2014年6月，习近平总书记曾说，国际上有舆论认为，机器人是"制造业皇冠顶端的明珠"，其研发、制造、应用是衡量一个国家科技创新和高端制造业水平的重要标志。宽泛地说，只要是涉及AI智能，能够让生产效率增加，人工减少的设备都算是机器人序列。根据国家标准委于2020年11月发布的《机器人分类》（GB/T 39405—2020），按照应用领域可分为工业机器人、个人/家用服务机器人、公共服务机器人、特种机器人和其他应用领域机器人。根据中国电子学会《中国机器人产业发展报告（2022年）》显示，预计2022年，全球机器人市场规模将达到513亿美元，2017—2022年的年均增长率达14%。其中，工业机器人市场规模将达到195亿美元，占比为38%，2017—2022年的年均增长率为3.7%；服务机器人（含特种机器人）达到317亿美元，占比为62%，2017—2022年的年均增长率为25%。在服务机器人市场中，公共服务机器人和个人/家用服务机器人市场规模为217亿美元，占总市场规模的42.3%；特种服务机器人达到101亿美元，占总市场规模的19.7%。预计到2024年，全球机器人市场规模有望突破650亿美元，工业机器人和服务机器人市场规模分别达到230亿美元和430亿美元（图8-1）。

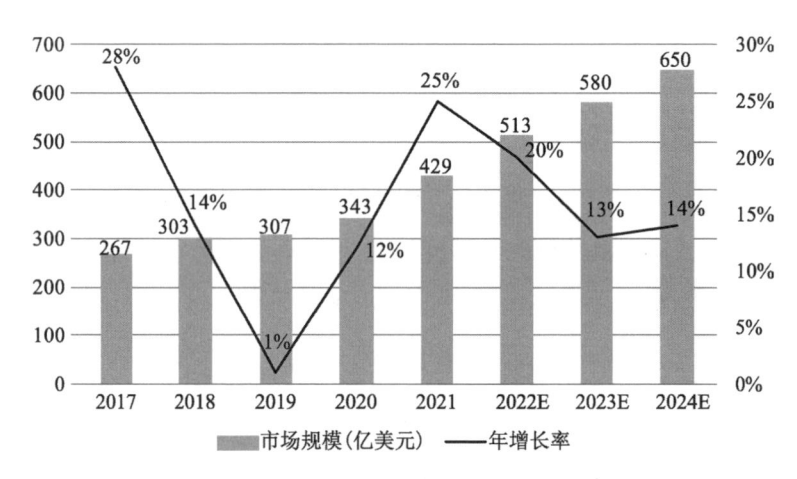

图8-1 2017—2024年全球机器人市场规模及增长率

数据来源：中国电子学会 中融信托博士后工作站/创新研发部

北上广深大城市对高端制造的外移，一方面是因为工业用地的稀缺，另一方面因为大批的蓝领技术工人更适合在二、三、四、五线城市生活和工作，大城市留下的更多的是以研发中心和销售中心为主的产业。机器人跟汽车一样，属于大批技术集成于一体的终端用品，零部件都属于各个细分领域的最尖端产品，经过精密的配装集成后，芯片算法在不同的应用场景中，要解决的技术难度和复杂度也有所不同，深度学习和进步成为机器人的共性。只有机器人自身能够进化学习，才有可能实现更高层次的不局限于人类思维方式的进步。

工业机器人的分类比较繁杂，拥有协助或者主导生产、故障诊断、生产分析等功能，大批的"专精特新""小巨人"企业都涌现于工业机器人领域，现有的机器人市场约一半属于工业机器人应用。中国家电企业美的集团在2017年收购德国机器人公司库卡94.55%的股权，库卡机器人与日本发那科、日本安川、瑞士ABB并称为工业机器人"四大家族"。2022年库卡中国收入达8.8亿欧元，增速高达49.7%。市县有非常多的制造业企业，新能源汽车市场广阔，也拉动了工业机器人的配装速度和体量。智能装备制造给工业机器人提供了进步和提升的土壤，其应用领域非常广泛，包括简单的人机协作、精密作业、商业服务拓展，应用于焊接、装载、鞋服制造、智能物流、智能仓储、生物医药研制等领域。作为第二产业的科技应用先进工具，机器人在替代人工成为新型劳动力，精进现有生产和工作流程上，会颠覆现有以人工为主的相关设定。

人形机器人也是投资者们关注的重点类别，全球科技巨头都推出了自己的人形机器人产品。英伟达创始人黄仁勋在ITF World 2023半导体大会上表示，具身智能（Embodied AI）是能理解、推理，并与物理世界互动的智能系统，是人工智能的下一个浪潮，AI与机器人的融合可以实现机器人的最终体，具有无限的想象空间。在2023年5月的特斯拉股东大会上，人形机器人Tesla Bot能够在工厂内稳定走路。根据高盛、PayScale数据，特斯拉工厂工人的平均时薪为23.75美元，每天工作8小时，假设未来人形机器人能满足工厂作业需求，其每日工作20小时（其余时间为充电、维护），2年左右便可回收投资成本，非常具有商业价值。根据高盛预测，在中性假设下，人形机器人到2030年将填补美国制造业劳动缺口的4%，到2035年填补全球养老需求缺口的2%。如果人形机器人完全克服产品设计、价格、技术、公众接受等一系列障碍得到全面普及，2035年市场规模高达1540亿美元。市场之大，显而易见会让众多科技巨头和玩家愿意提前布局研发人员，入场做系列产品，终极目标是在全球范围内各个行业都展开应用。

人形机器人包括控制模块、感知模块、运动模块、动力模块、散热和总装模块，相比其他类型的机器人，需要更高的感知能力、运动控制能力、交互能力。毕竟人形机器人的应用更多是在人类聚集地，需要有更强的互动能力，也需要通过深度学习，不断改进自己的行为和语言方式。网络上流传最广的是波士顿动力研发的Atlas，这款人形机器人能跑能颠，身高1.8 m，体重80 kg，具有28个关节，可完成跑步、跳远、原地起跳转身一周等一系列高难度动作。现在波士顿动力主要聚焦在科研领域，股权也几易其手，还没有找到适合的应用场景。

2023 世界机器人大会博览会在北京大兴召开，人形机器人仿生的李白吟诵《长恨歌》，杜甫在旁鼓掌叫好。各个厂家的人形机器人不停地展示才艺，有能歌善舞的，有咖啡拉花、给人画像的，感觉离走进人们的生活越来越近了。小米于 2022 年 8 月公布首款全尺寸人形机器人 CyberOne（铁大），搭载了自研 MiAI 环境语意识别引擎和 MiAI 语音情绪识别引擎，能够实现 85 种环境音识别和 6 大类 45 种人类情绪识别，研发涉及包含仿生感知认知技术、生机电融合技术、人工智能技术、大数据云计算技术、视觉导航技术等各领域的尖端技术。

在珠三角地区，机器人企业鳞次栉比，大多是因为当地产业链的完备程度，让机器人配件更新迭代变得容易了很多。尤其是现在各地盛行的楼宇服务型机器人，还有许多餐厅用的送餐机器人、宾馆使用的接待和送递机器人，所有产业链条上的组件几乎都能在珠三角找到生产厂家。人形机器人的一体化关节的成本占总成本的 50% 左右，也是投资者的首要选择，机器人关节需要完成 Pitch（绕 X 轴旋转）、Yaw（绕 X 轴旋转）、Roll（绕 Z 轴旋转）等不同动作，是研发中的重头戏。其余配件如摄像头、伺服电机、减速器、编码器、丝杠、轴承和传感器等，可选的生产商比较多了。

金融服务实体经济，充分体现服务功能的就是私募股权基金。2023 年，北京设立 100 亿元规模的机器人产业基金，首期规模不低于 20 亿元，支持创新团队孵化、技术成果转化、企业并购重组和发展壮大。2023年4月，河北省20亿元的机器人产业基金顺利成立，河北唐山市在7月提出，在河北省机器人产业母基金的带动下，谋划设立总规模不低于50亿元规模的机器人产业基金。近几年，长三角、珠三角的机器人产业基金也纷纷成立，都看好机器人赛道的宽度和长度，私募股权基金助力的眼光放到全球，就是要找到最优秀的团队、最先进的技术，在中国这些特别适合机器人应用的行业，开辟出更为广阔的市场。

《中国机器人技术与产业发展报告（2023年）》提出，我国拥有广阔的机器人应用市场，随着"机器人+"行动稳步实施，机器人应用领域正加速拓展，在新能源汽车、医疗手术、电力巡检、光伏等领域的应用不断走"深"向"实"，有力支撑行业数字化转型、智能化升级。初级应用的机器人产品和人形机器人的未来都是可期的，但是只要跟人近距离完成交互的，关乎人类安全的产品都需要走很长的路，大规模量产之后才有可能降低成本。笔者相信：机器人行业也有自己的"摩尔定律"[1]，这个产业面临着大量的物理和工程方面的限制和难关，需要等产业链准备工作更加完善后，不断地创新新材料和更新诸多模块，最后在集成为大家能接受的载体后，快速在各个行业铺开。笔者相信走完这段路程，应该就在不久的将来。

---

[1] 摩尔定律是英特尔创始人之一戈登·摩尔的经验之谈，其核心内容为：集成电路上可以容纳的晶体管数目大约每经过18个月到24个月便会增加一倍。

数字经济呈现几何倍数增长趋势

2000年，时任福建省省长的习近平提出了"数字福建"的奋斗目标；2003年，时任浙江省委书记的习近平指出要加快建设"数字浙江"。这两次重要部署后来成为数字中国发展所依循的内在逻辑，是数字中国建设的思想源头和实践起点。2017年10月，习近平总书记在党的十九大报告中明确提出建设网络强国、数字中国、智慧社会，"数字中国"被首次写入党和国家纲领性文件。

2022年7月，中国信息通信研究院发布《中国数字经济发展报告（2022年）》，报告指出，我国数字经济规模达到45.5万亿元，同比名义增长16.1%，高于GDP名义增速3.4个百分点，占GDP比重达到39.8%。公开数据显示，2022年我国数字经济的规模达到51.9万亿元，占GDP的比重达到了42.88%。数字经济增速达14.07%，显著高于同期GDP的平均增速，数字经济已经成为支撑经济高质量发展的关键力量。

时至今日，市县主政官员言必称数字城市。数字经济是非常宽泛的称呼，以数据资源为关键要素，以现代信息网络为主要载体，以信息通信技术融合应用、全要素数字化转型为重要推动力，促进公平与效率更加统一的新经济形态，主要业态包括大数据、云计算、物联网、区块链、人工智能和5G通信等。在未来，数字经济将会是长期发展的主旋律，数据已成为继土地、资本、劳动力、技术之后的新型生产要素。数字经济具体包括四大部分：一是数字产业化，即信息通信产业，具体包括电子信息制造业、电信业、软件和信息技术服务业、互联网业等；二是产业数字化，即传统产业应用数字技术所带来的产出增加和效率提升部分，包括但不限于工业互联网、智能制造、车联网、平台经济等融合型新产业新模式新业态；三是数字化治理，包括但不限于多元治理，以"数字技术+治理"为典型特征的技管结合，以及数字化公共服务等；四是数据价值化，包括但不限于数据采集、数据标准、数据确权、数据标注、数据定价、数据交易、数据流转、数据保护等。

巨大的产业升级带给市县诸多投资机会，市县对数字基础设施的投资是为未来城市和产业的数字化转型做准备。前期主要包括5G基站、IDC数据中心、华为提出的打造算力底座的建设等，涉及的行业包括基站天线、射频器、光模块、基站、光纤光缆、网络工程建设、网络优化与运维。数字中国带来的投资机会可以瞄准这些细分领域，市县国有投资机构有两种方式可以投资：第一种是直接投资，培育孵化辖区内的高新技术企业，发力数字经济，市县国有投资机构可以通过招商引资引入，也可以通过对科技成果转化孵化新生的产业公司，进行早期投资，这也是国家鼓励投早投小的体现。同时，可以将当地智慧城市的订单优先给予当地注册的科技类公司，既可以将税收留在当地，又能壮大被投企业，有利于吸引更多的社会资本进行投资。第二种是通过建立数字产业引导基金，吸引以数字经济为主要投资方向的投资基金来进行申报，通过配资放大基金投资杠杆，通过返投要求基金带来相关的产业，通过协议约定可以索要一部分跟投份额，通过对外部基金团队的资金支持，来换取其团队的智力支持，得到更好的投资机会。

互联网数据中心（Internet Data Center，简称IDC）作为数据存储、交换、服务中心，在数据"大爆炸"时代，现有数据基础设施赶不上网络用户数据的存储和交换服务速度，因此显得非常紧缺。根据公开数据显示，目前第三方在建和规划的机柜大约为90.2万个，而根据业内专业机构预测，随着数据增长在2020—2025年期间将产生200万左右的新增机柜需求，供给远远不足，且考虑到计划的不确定性、存在一定的建设周期，每年实际供给在14万～19万个机柜，新增数量有限，整体上特别是在核心城市核心区域供不应求长期存在。企业在拿到"路条"批准，找到客户，完成建设之后，便可以长期收取年化10%左右的费用，是一项非常稳健的长期投资，类似光伏和风电的投资。

对于市县投资机构来说，它们一方面可以联合运营商或者有长钱、大资金的保险公司联合发行基金，建设IDC数据中心，可以解决当地政府的数据存储需求，也可以为当地的运营商或者互联网企业提供服务，拉高投资安全边际，未来自行持有也可以，将资产装入此类上市公司也可以，都是比较稳定的退出方式；另一方面，可以直接股权投资入股 IDC 建设龙头企业，既可以充分发挥自身国企背景在资本资金及融资等方面的优势，帮助相关市场化企业解决资金紧张的问题，还可以通过与此类企业的深度合作，委派自己的管理团队进入公司学习管理和技术，锻炼自己的队伍，为将来技术团队和工程团队本地化打下基础。目前，工信部放宽了 IDC 牌照门槛，外资 IDC 服务商进入，一线城市的 IDC 资源尤其紧俏，吸引外资投资也是市县政府的重要招商引资指标之一，市县政府要抓住机会，快速将外资的路数摸清楚，做到共赢共生。

随着数字化、云计算和物联网的快速发展，网络安全威胁也日益增加，这为网络安全服务和解决方案增加了巨大的需求。除了数字经济基础设施投资之外，市县投资方向也需要下沉到网络安全细分领域，网络安全在数字经济中也是非常重要的组成部分。网络安全，通常指计算机网络的安全，实际上也可以指计算机通信网络的安全。黑客主要有四种方式来攻击网络安全，包括中断、截获、修改和伪造。既然计算机通过网络实现了互相联通，各互联网企业或者市县级政府等工作网站触达个人终端，尤其是金融类的企业通过对用户的信息收集取得征信情况，根据征信来对个人或者企业放款；还有宾馆、餐厅等个人终端使用比较频繁的场所，之前也出现大批房客的个人信息遭泄露，侵犯了众多消费者的隐私，引发敲诈勒索等一系列社会治安问题；制造业工厂使用工业机器人，酒店、公共区域使用服务型机器人，未来在家庭中也会遇到教育机器人和电子产品遭到网络黑客侵入，导致公私财物甚至人身安全受到威胁的情况；新能源汽车现在是智能网联汽车，与网络相连的同时，还连接到个人手机，假如黑客对智能网联汽车进行攻击和操纵，更会危及人身安全和社会公共安全。这些问题出现的时候，需要依靠系统的不断升级和打补丁来解决。2010 年，Google 发布公告称将考虑退出中国市场，而公告中称，作出此决定的重要原因是因为 Google 被黑客攻击。

网络安全是全球性问题，国与国之间也存在着网络安全漏洞不断被攻击，大批网络安全高手建设网络安全防御体系的现象，涉及国家安全。对此，国家非常重视。2016 年 11 月 7 日，《中华人民共和国网络安全法》颁布施行。随后的几年，国家陆续发布和实施了《信息安全技术 网络安全等级保护基本要求》《中华人民共和国密码法》《网络安全审查办法》《中华人民共和国数据安全法》《关键信息基础设施安全保护条例》《中华人民共和国个人信息保护法》《数据出境安全评估办法》等一系列法律法规及行业政策。2021 年工业和信息化部发布了《网络安全产业高质量发展三年行动计划（2021—2023年）（征求意见稿）》，提出到2023年我国网络安全产业规模将达2 500亿元。2023年工业和信息化部等十六部门又发布了《关于促进数据安全产业发展的指导意见》，目标到2025年数据安全产业规模超过1 500亿元。据有关机构预测，未来十年网络安全行业将继续保持年均15%的复合增长率，预计到2035年前后，网络安全行业规模将突破万亿元。网络安全的投资领域包括安全靶场与安全测试、数据安全、密码安全、边界安全、工控安全、物联网安全、软件供应链安全、安全运营与服务、反网络犯罪、网络安全计算机设备、网络安全职业教育等软硬件和服务方面。从网络安全市场分布区域来看，根据信通院数据，华北、华东、华南三大区域仍是网络安全市场发展的核心区域，三大区域市场占比超70%，占比分别是30.7%、27.7%、13.5%。

　　目前看来，网络安全的存在与行政区域的发达程度正相关。在国家机关集中的华北地区，由于要从国家层面防范国与国之间黑客的攻击，避免让国家和人民受到巨大损失，在网络安全的投入方面是非常巨大的，也是值得的。发达区域的市县政府便可以在辖区内发掘网络安全龙头企业，培育优秀的网络安全人才，在供需关系上做文章，抓住投资机会，进行网络安全升级。网络安全也可能会衍生出网络安全保险、数据安全存储等各种服务型产品，投资和发展前景巨大。

第九章

市县企业与股权投资

募投管退是基金的主要步骤，投资活动下沉到市县投资机构后，募投管退的先进理念也开始下沉。股权投资机构缺少的是有洞察力、判断力、投决执行力和投后管理能力的专业化人才。钱是投资的必要条件，在专业人才手里，钱才能发挥出投资利器的作用。

投资LP投后管理和退出步骤变得更快，且能够更高效高额地获得收益，这都是理想化状态下的投资历程。不管怎么说，国有投资机构的种种限制可以逐渐放开，只要尽责，就可以容错。只要有收益，就可以在门槛收益率上进行市场化分配，这样才能越来越市场化，吸引更多的人才和企业落地。

募资深挖市县，投资放眼全球

最近，投资圈里流传着一个新段子。以前的企业融资有以下几个步骤：天使真格，AB 轮红杉、高瓴、IDG，C 轮腾讯、阿里战投等等。现在的企业融资有新意：天使各显神通；A 轮拿北京、上海政府引导基金，落总部；B 轮拿合肥、苏州、无锡国资背景基金，落产能；C 轮拿烟台、铜陵、淄博等四五线城市政府引导基金，咱也不知道想干啥。市场反应第一个被国产替代的是 VC、PE 行业，作为业内人士，发现企业融资和基金募资的路径是高度重合的。只不过募资的趋势是相反的，先去拿三四线城市的市县区政府产业引导基金 40%，省里希望拿到 10% 左右的配资，基金落地在某市县区；然后去发达城市国企手里，通过拿项目注册地或者产能来分别换 10%～30% 不等的配资，市场化的资金就当拿不到不存在，最终完成 100% 比例，达到约 5 亿～10 亿元规模的基金管理。根据现在的募资现状，盲池基金基本上缩减到 1 亿～5 亿元，还要分几期完成出资实缴。专项基金一事一议，从 2 000 万元到 5 亿元不等。

很多基金和企业会问，市里县里有钱吗？为什么我去募资始终拿不到钱呢？事实上，需要看你带来的项目有没有吸引力，这是市县是否给基金配资的重要也是唯一标准。企业和基金不用担心"关门打狗"，只要项目优质，市县政府狠狠心还是能够掏出钱来投资的。当然这里所说的钱未必是货币资金，也可以是帮忙代建工厂和以土地使用权出资的方式来实现投资。市县招商部门和各级领导虽然未必是金融、经济、会计、法律等从事金融行业必备的科班出身。但是别忘了，他们每天都在与不同行业不同阶段的企业打交道，他们比任何投资人都明白哪类企业适合在当地落地，对哪类企业需要投入多少精力和财力，留到当地的企业产能和税收覆盖自己的投入。反过来说，投资机构也能借助市县招商的经验，摸清楚被投企业真正能够落地和发展的可能性，而不是靠一张嘴两张皮说瞎话，对投资行为进行佐证，也是风险控制的一种可行方式。现如今，投资公司的盲池基金募资可能性越来越小，投资机构也成为一手抓优质项目，一手抓市县国资 LP 的多面手。纯粹靠资源和关系拿到出资的机构越来越少。

有影响力、高成长性的项目本身能给地方带来税收、产值落地、就业等各项指标的加分，才能够向市县制定的相关KPI交差。

招商引资和募资挂钩的策略，绝对不仅仅是在国内，沙特、阿曼等中东地区国家及匈牙利、德国等欧洲国家都面临着招商引资的压力；美国也制定了旨在降低劳动力成本的《通胀削减法案》（IRA）和旨在吸引对美国国内半导体投资的《2022年芯片与科学法案》（CHIPS），企业数量的减少、质量的下降绝不只是因为当地经济的萎缩，还有人才结构组成、人员成本、资源远近、客户要求等诸多因素。可以把这些国家也看成中国各个市县，根据当地的特色经济引入所需要的产业便是这些国家主政官员的重要任务。同样地，各个市县也不再拘泥于让投资机构用自己的产业引导基金投资当地的优质企业。当地企业的情况相信他们一定比外部投资机构更熟悉，是骡子是马早就拉出来遛了好几遍了，银行、工商、税务等各部委办局也已经把真实情况摸了个一清二楚。市县政府期望的是投资一定要放眼全球，引进国际国内先进的技术和优质企业，在当地生根发芽、开花结果。不管用资本的手段还是人脉的力量，只要能够把这些企业拉过来，资金肯定有，而且及时发城投债也要把这块资金补足，市县政府在所不惜。

基金募资完成之后必然需要找到优质的标的，长三角、珠三角、京津冀等区域形成的超大城市群产生了巨大的虹吸效应，大批的人才和创业机会在这些区域应运而生。市县的企业尤其是生物制药、元宇宙、网络安全等需要高端科技人才的行业，缺乏肥沃的土壤培育。市县里面也藏了很多优质企业，虽然深耕当地的投资银行、名声在外的投资机构已经用筛子扒拉得细得不能再细，但总能找到雨后春笋般冒出的新兴企业。于是乎，南方市县用资金和营商环境挖北方市县的墙脚，北方市县用政府订单的诱惑和豪爽的待人接物寻找能够搬迁的南方企业。

市县的企业不是投资机构瞄准的主要目标，大多数投资机构为了节省时间提升效率，重点还是考察北、上、广、深以及杭州、成都等新一线城市的企业，通过区域订单支持请求其高维打低维，安排专人专岗挖掘募资所在地的产业和资源优势，说服其作为投资的交换条件来当地安置子公司、分公司。

2015年中国政府网公布的《中共中央 国务院关于构建开放型经济新体制的若干意见》，2017年国务院印发的《国务院关于扩大对外开放积极利用外资若干措施的通知》，要求"进一步积极利用外资，营造优良营商环境，继续深化简政放权、放管结合、优化服务改革，降低制度性交易成本，实现互利共赢"。市县政府有引入外资的诉求，美元基金团队的优势便凸显出来了。市面上有大批的美元基金转募人民币的基金，同样需要跟市县政府打交道。因为通常团队有不同的从业经历和国际视野，也有投资过或者正在储备的全球范围内的投资项目，在海外企业也急于开拓市场和更具优势的供应链,来摆脱经济下行带来的生存压力时,一拍即合地达成来中国发展的初步意向。

不过也不排除空手套白狼的海外企业,吃过亏的市县政府已经对这类企业免疫了,还有没吃过亏的没对国际"老千"产生防备之心的政府官员,只能打碎牙往肚里吞了。曾几何时,庞青年的水氢发动机创业项目就是典型的案例。庞青年带着项目接触过内蒙古鄂尔多斯、宁夏石嘴山、浙江萧山、浙江海宁、江苏连云港等地的政府,利用对技术的鼓吹做了一套话术,以先进科技为导向,以落地数十亿产能为诱惑,以要地要房要资金为目的,欺骗了很多地方政府。然而,谎言戳破后,几乎所有工程都烂尾,最终庞青年也变成了失信人。

政府要擦亮眼睛,现在依然有披着央企外衣的混改公司,或者香港注册的"中国、亚洲、全球……"大得不像话的皮包公司,宣扬着从海外舶来的"国际领先技术",拉拢一批所谓的假冒伪劣剑桥、哈佛等名校博士、博士后,诺贝尔奖获得者的学生们,到处传播"国际先进理念",推演前沿科学,在当地落地颠覆性的技术突破型企业。"假大空"可以完整地概括这类骗子和企业,在甄别能力出现问题的某些官员眼里,他们都是未来的诺贝尔奖获得者,自己加官进爵的助推器。在名利的蛊惑之下,其中也会大量涌现破产清算的劣质项目。同一个特质就是他们自己一分钱也不会掏出来,甚至连到当地考察的机票和住宿都需要当地政府或者企业埋单。这种企业大概率是来空手套白狼的，属于天生的白眼狼，秉承着"骗一个是一个、骗两个是一双"的行事原则，一步步设套来引诱市县政府上钩。

当然，上述讲的都是反面教材，在国际化人才越来越聚集的美元基金里，很少会出现类似的储备项目。在全球招商各显其能的大背景下，中国对海外企业的吸引力依然是基于庞大的市场和低廉的成本，各产业供应链的完备程度和逐渐国际化视野的人才储备，都是吸引海外企业在国内设立办事机构或者工厂的必然因素。市县政府如何放大自身的产业优势和人才优势，真正吸引到有市场竞争力和可持续经营能力的优质外资企业，需要下大功夫来研究和准备。

遇到好企业下重注，好眼光靠的是专业素养

市县投资无非两个标准：一是投资优质企业，之后要让国有资产保值增值，投资程序必须要符合制度规定，维持程序正义；二是能够跟当地产业产生业务关联，要么落地新产能要么搬迁注册地，满足产业转型升级或者补链、强链、延链的目的，或者能够让当地产业进一步多元化。

既然是投资就一定要以赚钱为目的，附属的诉求才是产业落地等。如果要用投资的逻辑来判断企业好坏的标准，可以从几个维度来分析：

首先，是要看团队的组成和互补性。在科技类企业里，既要有能够不断推陈出新研发产品的高精尖科学家，也要有能够八面玲珑管理团队和应对外部客户的管理合伙人，还要有能够把股权融资和债权融资都抓到手的融资合伙人，同时也要有可以应对企业公关危机和宣传造势的公关合伙人。股权有限公司不只是资合，还需要有人合，只有团队成员都是优秀的，木桶才没有短板，才能够装更多的水，能够让所有人都有水喝。尤其是在看早期项目时，企业"一穷二白"只有创始人团队和几张PPT，只能够靠投资人的钱来完成这些创始人们的商业模式和产品更新。如果团队成员都不能够入得了"法眼"，那基本就是打打哈哈无果而终。随着企业的不断发展，团队里的成员也会有不求进取掉队的，股权如果在这些人手里，就会变得非常危险。股权结构的不稳定对寻找投资人是极大的障碍，所以在组建创始团队的时候一定要有分辨能力，太跳脱的性格不太适合团队合伙，一般需要两三年以上的性格和能力磨合认可，才能够成为一起走下去承担风雨的合伙人。所谓谋定而后动，创业是大事，要三思而后行。团队的互补性、稳定性、优质性也是市县投资机构必须要重视的一点。

其次，是要看企业对所属行业和产品的认知程度。房地产、汽车、芯片、新能源都属于上万亿的行业市场，天花板决定了会有大批的企业和人才蜂拥而至。蛋糕越大，机会越多，竞争也就越激烈。市场足够大，但是未必让你获取；蛋糕足够香，你未必能够吃得到。企业成立就是以营利为目的的，在投资人眼里，不以营利为目的的企业都是在"耍流氓"，都是准备拿投资人的钱来玩自己花活儿的无赖。在对赌条款出现后，又加了一条，不只是要营利，还要以未来上市为终极目标，让投资人放心，在某个时间点一定会上市。倒推节点后，市县投资机构才能算得出来什么时间能够把投出去的钱收回来，最终能够得到什么样的收益，通过什么方式收回来或者分阶段收回来。以退为始始终是投资的第一要义，需要对投资有敬畏之心。天花板的高低决定了企业的成长高度，产品的契合度决定了企业存活下来的年限。过得好的企业对行业所需要的产品应该非常了解，甚至说在经过无数次失败后，终于发现什么样的产品才是消费者想要的，需要走什么样的研发路线，开始找相应的人才和资源，所有的一炮而红的背后都是无数次的默默调查、研发和推广。

再次，是要看企业成长与人才队伍的匹配度。企业都是从无到有、从小到大的，每一次成长都意味着管理成本的增加和人员的变动。古代有个故事，说一匹战马的马蹄铁坏掉了，战马吃痛影响了战队的队形，导致骑士出现操作失误，战队全军覆没，最终整个王国随之消亡。螺丝钉确实可以影响整个企业的发展,假设有些技术人员有自己的"小九九",成为竞争对手的商业间谍,甚至可能在进入公司之初便是竞争对手安排过来的,整个研发过程和决策制定过程都参与其中,每一步安排都被对手拿捏得死死的。被对手料定先机,提前布局导致拿不到生死攸关的合同,那就真的是能让一个创业公司被扼杀在摇篮里。笔者曾经调研过一家高科技公司,创始人是非常聪明的科学家,每次融资都非常顺利,也从来没有定下融资的窗口期。他的原则是只要有投资机构对自己感兴趣,只需要在上一轮投资人投后估值的基础上增加20%的升值空间即可。这样做,有两个方面考虑:一方面是考虑到自己,科技行业最重要的是人,把人从竞争对手那里挖过来需要有资本的支撑,钱是随时都会缺的,看中了人就需要支付高工资,只有挖到优秀的人,才能够支撑企业不断地创造新产品,拓展新客户。另一方面是替投资机构考虑的,每个投资机构的项目负责人都要被考核,无论是年中还是年终都要对KPI进行考核,这就需要对投资过的项目复盘。假设被投项目在他投资完之后很长时间没有融资,就很难通过可比法来判断企业是否增值,也就没法完成自己的KPI;假设在上一轮投资估值基础上增加了20%的增值,那么投资负责人在KPI考核上就能够顺利过关,从而形成良性循环,吸引更多的投资人来投资自己。这样在逻辑上考虑到了彼此的利益,也考虑到了企业自身成长的规律。

最后，要看历史的齿轮是不是能够为这家企业转动了。它看似很抽象，说白了就是看投资和上市的风口能不能吹得过来，变现的时候能够吹得过来也算是成功的。比如做 SAAS 的平台，曾经在港股、美股都有很高的市盈率，基本能按照 100～200 倍的 PS 进行估值。也就是说收入如果是 5 亿，就能够按照 500 亿市值来算投资的账，SAAS 企业的毛利率较高源于企业在前期就已经支出了大量的研发费用，在市场产品复制蔓延开来的时候，花的更多的是市场拓展费用，不需要再在研发上投入太多，所以成本到最后几乎为零。也正因为有很多上市对标企业可以作为投资的佐证，在一级市场的估值市盈率便居高不下，出现在投资机构即将投资的时候，这样的佐证是可以成立的，但是在变现的时候如果资本市场的炒作逻辑发生了变化，那基本在一级市场的这份投资注定是失败的了。业绩和市场表现都不能够支撑投入的资金能够完璧归赵，更别提什么投资收益了，这就是风口的杀伤力，别只看到跟着风口飞上天的猪，想一想风一旦停下，猪摔下来可能直接就做成火腿了。如果运气好，风口还在，二级市场的投资人依然认可这样高的市盈率，那么一级市场投资还不至于会血本无归。

短道速滑世界冠军王濛说过："我的眼就是尺。"投资需要有历练有经验，好的眼光需要在烂项目好项目扎堆的信息中练就。不是每个项目都像 PPT 上描述的那么光鲜亮丽，有的时候，商业计划书可能是一份商业骗人书，就是为了圈钱而来，人傻钱多的投资机构就有可能上当受骗。多点撒网，重点捞鱼，只要能够把钱套到手里就算是最大的成功。曾经在大型投资机构做过的投资人现在很多到市县国资担任要职，因为大多数国有资本是没办法提供资金让你去练手练眼光的，只有在市场上资金足够充裕交给基金管理人投资的时候，钱比项目多，同时又有大批优质项目对资金有渴求的时候，双向奔赴的情况下，投资眼光就会被无数个项目磨练出来，投资的业绩也会越来越优异。每次复盘都是一次成长，主动剖析自己的投资问题，才能更深刻地领悟投资的真理。

笔者曾经看过一个科技项目，作出决策的重要理由是这家企业在年底之前会进入某家巨头的采购白名单，产品也会因此更新系列，销售体量会上到过亿的大台阶。后来这家巨头不幸被国外制裁了，被罚了款，还被各种上下游禁运禁售，导致被投企业没办法正常加入白名单，在资本的催生下更新的产品系列也就没有了用武之地。年底复盘时发现实际销售额还不及当时预测的百分之一，只有百万级别的项目研发收入，项目负责人承担了巨大的压力，后来因为企业被国外制裁确属不可抗力，没人能够抵挡这种国家行为。最后，虽然在 KPI 层面给了勉强及格，年终奖也打了折，但是并未对项目负责人进行追责惩罚。只能调整企业上市退出的时点，降低了投资收益预期，也算是不幸中的大幸。除了不可抗力之外,被投企业遇到的各种情况非常复杂,并非都是按照投资决策报告的"脚本"一步步演下去的,眼光在这里只能说事前有作用,后面企业的发展跟投资负责人已经没有任何关系了,只能听天由命,富贵由人。

投贷联动是原则,股债结合最靠谱

2018年4月27日,由中国人民银行、中国银行保险监督管理委员会、中国证券监督管理委员会、国家外汇管理局联合印发《关于规范金融机构资产管理业务的指导意见》,也就是俗称的"资管新规"。下发的背景主要是针对金融产品多层嵌套、资金池、信贷出表工具不合规、理财保本保收益增加了金融风险等行为。"资管新规"的出台影响了居民对银行理财产品的认知,对私募和信托产品的发行也产生了巨大的影响。

"资管新规"对新老业务采取过渡划断方式,给予市场相对充分的缓冲期。"资管新规"细则包括:首先,将理财划分为公募和私募,公募产品可以投一些非标,同时,将单只公募理财产品的销售起点由目前的5万元降至1万元;其次,非标资产要求执行严格的期限匹配,继续防范影子银行风险,延续对理财产品的单独管理，单独核算；再次，银行现金管理类产品和6个月以上定开产品可以参照货币基金，实行摊余成本法；从次，公募银行理财也能投资证券了，投资证券额度不能超过该理财总净资产的10%，也不能超过所投资的单只股票或者基金的30%；最后，部分股权类以及其他目前特殊原因不能回表的，或将作出妥善安排。

自"资管新规"之后，银行便不能作为私募股权投资基金的出资机构，原来作为出资机构参与的私募股权投资基金需要进行减资，或者转移给其他可出资类型企业比如保险公司、第三方机构等。此前，银行的出资金额动辄几百亿、上千亿，国家级大基金受的影响最大，比如中国国有资本风险投资基金股权有限公司、国新央企运营投资基金管理（广州）有限公司等在资管新规后，其出资人建设银行、邮储银行、浦发银行均收到资管新规影响，出现了减资或者转让股权行为。这样不但影响了这些基金的投资策略，也影响了团队的稳定性，措手不及又无可奈何。

据大河财立方消息，2023年7月，国家发展改革委固定资产投资司、国家信息中心与国家开发银行、中国农业发展银行、中国工商银行、中国农业银行、中国银行、中国建设银行、中信银行7家银行的有关业务部门召开会议，共同签署了投贷联动试点合作机制框架协议。会议指出，要深刻认识当前建立投贷联动试点合作机制的重要性和必要性，聚焦促进民间投资、扩大有效投资、建立投贷联动新模式等重点任务,有效发挥投贷联动试点合作机制的积极作用。建立投贷联动试点合作机制,要通过投资在线平台与银行信贷系统的互联共享,推动政府政策支持和银行融资服务同向发力,形成合力。投资在线平台要将民间投资项目、国家重大项目信息共享至银行,引导银行加大融资支持力度;平台要将投资主体、建设内容、审批事项等共享至银行,为银行加快审贷进度提供支撑。银行要将项目贷款、建设进度等数据共享至平台,助力投资主管部门及时掌握项目融资和建设实施情况,进一步增强事中事后监管能力。

现在看来,国家发展改革委提出的新型投贷联动是试图在原有平台基础上,进一步实现投资与金融信息联动,避免企业出现在发展过程中财务不规范的情况。宽泛一点来说,投贷联动往往是银行等债权类金融机构与股权类投资机构合作的简化称呼。融资包括股权类和债权类融资,债券融资的表现形式众多,比如银行贷款、融资租赁、债券融资、民间借贷等,股权融资主要体现在企业释放股权换取现金,供企业进一步发展业务使用。市县一般都有农村商业银行、农村信用社、融资租赁公司、小贷公司、保理公司等,这些都属于债权融资的金融工具提供者,也有的市县有基金管理公司,作为地方产业引导基金的管理机构,同时也承担着直接股权投资的任务。四大银行和各商业银行在当地的分部或者当地国有金融机构,都能够跟市县当地国有基金达成投贷联动的合作关系。无非就是债权类融资机构的客户与股权类投资基金的客户共享，互相推荐，互相背书，过各自的投资决策和风险控制流程，合作成为大概率事件。

投贷联动的标的一般都是科技型企业，科技含量越高，受到两者支持的力度就越大。例如，市县投资机构投资一个亿给B高端制造业企业，B企业注册地在深圳，想要拓展北方业务，在北方建设工厂需要钱的时候，市县投资机构就可以各显其能。股权投资机构给的一个亿用来研发新产品、拓展销售渠道、招聘高级技术人员和管理人员、购买先进的海外相关技术等，当地政府通过给B企业代建工厂的模式拉动GDP的增长，代建工厂可以给企业免租两年，第三、四、五年房租打3、4、5折，到第五年后企业需要购买至自己名下作为上市必备的重资产。银行贷款给企业作为准备上游原材料和抵抗下游账期风险的流动资金，B企业所需要的机器设备由融资租赁公司以直租形式卖给B企业，三年内由企业连本带息还清；保理公司接受B公司下游的销售协议约定的应收账款，提供资金融通、买方资信评估、销售账户管理、信用风险担保、账款催收等一系列服务的综合金融服务；供应链金融公司也可以做类似保理公司做的业务，小贷公司作为不时之需，可以提供短期的资金流动性，避免B企业发生资金链的断裂现象。

投贷联动不但能够让客户在各个金融机构都留下信用痕迹，

还能提供各种时限和各种利率的资金,资金可以互相补位,金融机构可以互相背书,最终能够在金融的支持下交出不错的业绩答卷。拉高安全边际,尽量让各金融机构都能够在业绩增长的过程中享受到红利,而市县股权投资机构则会在未来 B 企业上市的时候,在二级市场通过股票买卖的方式获得盈利。实际生活中,企业家更多的是用银行的资金或者用民间借贷来推进企业的大部分成长。在资本意识更清晰的时候,或许会去拿股权投资基金的钱,用低成本的资金来置换高成本的民间资金。这之间股权融资和债权融资的平衡就需要企业根据自身情况进行把握,看中自身企业长期股权价值的企业家就不愿意出让更多的股权。这是因为:一方面他们怕实际控制权受到威胁,另一方面他们认为自己的企业成长性很强,在上市后股权会变得更有价值。债权融资的缺点是会在短期内影响企业的经营性现金流的充裕度,在企业信用等级没有上来的情况下,资金成本会比较高,"吃掉"企业的利润,影响企业在股权融资时的估值,也影响企业采购和下游销售的速度和力度。

市面上全国性金融机构里,很多也有齐全的牌照,内部也都有类似战略客户部的机构来完成各个牌照业务之间的串联,希望通过统一的 CRM 客户关系管理系统(Customer Relationship Management),利用软件、硬件和网络技术,为企业建立一个客户信息收集、管理、分析和利用的信息系统,来降低各下辖机构的管理成本和客户拓展成本。说白了，这么做就是让各个子公司之间信息共享，完成集团的利益最大化。但是这种系统往往都做得不太好，原因很简单，各个子公司有自己的利润指标，完成利润指标的团队也各有自己的渠道。如果把渠道无偿贡献出去，那等于是让自己资源的价值变为了零。当然，有的金融集团比较开明，把内部渠道获客需要付出的成本与外部机构获客要付出的成本等同，做大蛋糕的同时，还能让不同子公司的团队"一鱼多吃"，增加团队的个人收益，这样才能真正把资源联动起来，否则很难达到高层预期得到的效果。

市县金融机构面临的问题也是一样的，金融牌照和金融工具的同质化非常严重，如果市县金融机构之前还没有厘清该如何对待帮忙拓展客户的奖励机制，基本上只能让前台业务团队"用脚投票"，宁可去找更合适的市场化机构，也不会把客户介绍给"师出同门"的兄弟公司。在面对利益的时候，市场的事情还是需要市场化解决。

让第一批接触股权投资的人先富起来

"允许一部分人或地区先富起来，先富带动后富，最终实现共同富裕。"这段话最初是邓小平同志在 1978 年的时候说的，后来经过多次修正，最终形成了我们熟知的"共同富裕论"。改革开放之后，股份制改革也顺其自然开始推行，由此中国才有了股权的概念，那时候还有专门的私募股权投资机构。1987 年，著名的经济学家米尔顿·弗里德曼（Milton Friedman）访问中国时，曾对时任深圳发展银行第一任法定代表人王健说："社会主义搞股份制是一个好的开始，但不容易。没有相应的法律法规，股票市场就会无章可循，就像潘多拉的盒子，打开了就收不回了。"1990 年 11 月，上海证券交易所由中国人民银行正式批准设立，这是中华人民共和国成立以来第一家证券交易所。随后，1991 年 4 月，深圳证券交易所经中国人民银行批准设立。两家证券交易所的成立意味着中国正式开启了资本市场大门，应运而生的首先是二级市场炒股的股民和机构，随后才引导出一级市场的股权投资基金。

人无股权不富，股权的魅力用白话可以讲得清楚。假如一种收入方式是每个月你能赚到 2 万元，一年 24 万元，二十年 480 万元，每个月给到你的时候很快就会被花出去；另外一种方式是在第一个月的时候就给你 480 万元，后面二十年不再额外给你钱的时候，哪一种收入比较好。我想大多数人会毫不犹豫地选择第二种收入方式，股权投资能够带给你的就是用第一年的 24 万元投入到一家有潜力的企业里，可能在五年后能够拿到 20 倍以上的回报，也就是 480 万元，损失的是一年的工资，但是博取的是一个财富急剧增长的未来期许。

股权投资需要的是长钱，在投资机构看来，这类钱的出处可以是银行理财子公司、保险资管公司、学校校友基金会、家族办公室、国家社保基金、国家养老金基金等。在个人看来长钱就是平时不太用到，放到银行也只能是赚取利息的钱。市县投资机构也在成立私募股权基金产品，上述机构和个人都能够将钱给他们来管理，在股权投资和债权投资之间选择可能会带来高回报的高风险投资。

市县投资机构的短板有两个，一个是在金融人才往往聚集在大城市的现实情况下，市县区域不能提供市场化的薪酬，在经济向好、投资旺盛、优质企业较多的情况下，不太可能找到市场化团队来帮助运营。没有良好的薪资和激励机制，自然就找不到第一梯队的投资经理人。用一个没有太多投资经历的人员，相信任命者也会心有惴惴。现在这个短板已经逐渐被补上，一方面是因为经济形势确实不太好，美元基金没办法募资投国内资产，都在盼望着不裁撤中国分部。民营基金找不到募资渠道，四处申报地方产业引导基金。知名度较高的、有过不少成功投资和退出案例的投资机构日子同样不好过。另一方面，金融人员的成本过高使得很多私募股权基金开始裁员，人才重新回到市场进行选择，也会放低心理预期，找到一份稳定的工作就是王道了。只要不离开这张桌子，以后经济和行业形势好起来，桌子上的饭菜就还能吃，江湖上就还会有你的传说。第二个短板是市县国有投资机构更多地依赖于财政拨款进行投资，还有一部分资金来自市县所属国企，说白了也是财政资金间接介入基金规模。资金属性决定了必须把招商引资作为附属要求的核心条款，如果不是市场化的股权投资，非要给项目贴上招引的标签，在项目的选择上基本就抛弃了最优质的那一批，因此而打折的就是基金的投资收益率。除非是被投企业正好需要当地市县的资源禀赋或者市场订单，否则第二梯队甚至更低档次的企业才有可能选择有这样要求的市县投资机构进场投资。虽然现在很多优质企业也开始屈服于资本的性质，在得到大额投资时就搬迁注册地，中等规模投资就设一个工厂或者子公司，小规模投资也要在当地设立一个办事处或区域总部。看似好像既能拿到钱，又能依托股东对当地业务进行拓展，通过增加收入和股东结构多元化可以拉高下一轮的估值，然后再引进一批资金。实质上来看，握在企业手里的筹码会越来越少，无序且没有战略的扩张只能增加企业的管理成本，并不符合企业自身的发展规律。在最需要钱做研发的时候，去设立一个花费成本的子公司，本身就消耗了创业团队的精力，还需要去维护当地股东的关系，让本该专心做研发和业务的团队疲于应付。如今，很多企业的管理层已经把寻找资本作为企业近期的重点工作，找到钱给自己输血，缓一缓气开始造血，再去找钱给自己输血，股权融资本来是一种低频的工作，现在不但做到高频，更是做到了高强度输出才能找到钱的地步。

企业面临的困难已经不是如何发展自身业务了，也不是怎么去应对行业的变化和政策的改变，而是找到钱自己才能够活下去。这是为了对过去投资过的机构负责，也为了对抛家舍业共同创业的朋友负责，同时还为了对在手底下干活的员工们负责。巨大的压力之下，心理焦虑、抑郁症、发胖、华发早生都是这批企业家的现状。他们每天醒过来发现欠了一堆债，包括房租、员工工资、水电费、给客户的应付账款。这些钱压得企业家们喘不过气，现在又加上一条，还需要应付不同类型的投资人，要满足他们各自提出的招商引资、委托研发、安插人员等要求。

股权投资投到企业里需要的是企业有序健康地成长，假如每个企业家都是这样的状态，估计投资人都不敢把钱投给他们了。解决办法也是有的，得有一个既懂公司业务又能够跟股权基金接触无障碍的专职合伙人，目的就是要把公司的业务过去现状和未来都讲清楚，在金融圈有比较强的人脉和口碑，能够帮助企业实际控制人解决对接和路演的问题，同时还能够适应长时间出差、高强度的工作，能够带领募资团队帮助企业找到好的战略投资伙伴。战略投资伙伴包括市县投资机构，也包括上下游客户为主的CVC机构，还包括像中金、中信资本这种能够在未来上市过程中给出建议的券商系基金，再加上红杉、高瓴资本、深创投这样的知名投资机构，就能组成豪华的股东团队，不但能够壮大声势，还能够给下一轮融资的估值背书。说实话，这些机构的尽职调查和整改意见，也确实能够帮助企业管理和经营上一个台阶。规范总是要发生阵痛的，早痛的话付出的成本还能够低一些，晚发现问题不只是财务成本会增加，上市的时间成本也有可能增加一到两年，那就得不偿失了。

让股权投资成功的一批人来现身说法，可以让市县投资机构募集到当地民营企业的资金。各地都有强势的民营经济，民营企业家们平时也对北上深的投资机构投资做LP，不投当地基金的原因除了不想在当地政府面前露富之外，还有就是对当地投资团队的水平表示怀疑，不敢把辛辛苦苦挣来的钱给一些没有经验和能力的团队管理。作为靠企业经营先富起来的那批人，对如何赚钱也是有深刻认识的。没有这样的头脑就没办法成功，在成功之后得到大笔资金，也希望能够做好资产管理，不把鸡蛋放到一个篮子里。通过股权投资可以得到长期可能让自己资产大幅增长的回报，也是短中长期资产管理的必备产品。通过股权投资赚到钱之后，他们也会成为下一期的出资人，甚至他们会将自己的后代送到股权投资机构，让他们传帮带，教会下一代股权投资的理念和方法，让下一代有一个能够安身立命的职业。由此可见，靠股权先富起来不但可以解决资产管理配置的难题，钱赚到了，还能解决最担心的下一代除了接班之外没有其他技能的问题，不可谓不聪明。

第十章

高质量发展的市县投资实践

高质量发展是市县最重视的发展方式，因地制宜、因时制宜找到适合的落地业态，是走出县域经济特色发展新路子的重点。新兴的产业离不开投资的支持，社会资本是很小的一部分支持力量，本土化国有投资机构给予的资金和赋能才是核心。除了企业团队自身的主观能动性之外，外部股东的帮助能够让企业出现意想不到的断崖式成长趋势，订单、资金、政策、人才、管理等都可以用来赋能，拉高投资的安全边际，保证国有资产保值增值，孵化有前景的产业链。

投资并购上市公司成为新常态

各地政府包括市县主政官员的考核指标里面,有一项是在辖区内增加上市公司数量,不管当地GDP原来是多少,只要这一条增加了,就能解决一大批指标问题。2022年,河南省人民政府印发《河南省推进企业上市五年倍增行动实施方案》。2018—2021年,国资收购民营上市公司数量(以股权交割时间划分)分别为21家、40家、49家、41家,分别占全市场同期控制权变动的上市公司数量的比例分别为20.19%、24.24%、21.03%和18.47%。市县国有投资公司主要以协议转让及协议转让+的方式并购上市公司,可以按照步骤划分为协议转让、协议转让+表决权委托、协议转让+表决权放弃、协议转让+

定增、间接股份转让五种方式。

世界经济进入下行周期，中美贸易战持续，俄乌战争带来进出口难题，加上国内经济的下滑趋势明显，无论哪个行业，都将面临严峻的挑战。大批民营上市公司的业务受到重大影响，上市公司的业绩下滑已经持续几年，有的已经面临退市风险，还有一些上市公司实控人、大股东挪用上市公司资金，去对外投资等"莽撞"动作。如果他们不及时还给上市公司资金，就会面临法律和监管的处罚风险。当然，也有因为上市公司实际控制人年龄较大，二代不想接班，只能选择卖掉股权退隐江湖的情况。不管是作为"白衣骑士"帮助上市公司纾困，还是为了装入本市县优质资产，市县都有购买上市公司的动力。

市县拟购买的上市公司现在选择的一般是 20 亿市值左右，行业属于不被限制再融资的行业，比如高端制造、公共服务、消费行业等，要求能够搬迁注册地，看中的标的大多在江浙沪粤等发达地区。看中的就是当地上市公司数量众多，可选择的标的多，而且当地政府对企业搬迁相对而言比较宽松。

组建纾困基金解决上市公司相关问题，看起来是捡了便宜而且更容易说服所在地政府同意其搬迁，但这样做的风险也非常高，"踩雷"的概率极大。上市公司的隐藏债务和现有业务的稳定增长风险极大，在接手后原有管理层的安置和原有业务的剥离也需要有投资银行专业人士给予建议。上市公司老板辛辛苦苦上市，除非到了悬崖边，否则是不会轻易转让出去的。市县国有投资机构在把控此类标的时，需要万分谨慎，往往一个不小心就亏得血本无归。如果没有足够优质的可控资产装入，买了个需要纾困的上市公司，就等于买了一个雷，还不如直接让其退市。

笔者见过有些上市公司实际控制人，在所属行业属于专家，在资本运作方面可以说是一窍不通。帮助其在公司内承担投融资工作的人员，有的也并非科班专业出身，可能就是老板的亲戚、发小或者同学，基于信任关系将上市公司的闲置资金做好资产配置，在股权投资和日常购买理财方面都由该亲戚、发小或者同学负责。抛开这类上市公司投资中的"跑冒滴漏"问题不提，在对外合作中，很容易掉进别人挖的坑里而不自知。"卧龙""凤雏"同时出现的概率很大，对内的管理上也不能服众，完全靠着信任基础维持。表面上确实如此，也并不排除这信任的人是经过老板的授意，通过各种腾挪转移资产，掏空上市公司，最终也需要帮助老板顶雷。

市县国资有保值增值的要求，所以收购前一定要做好风险控制，收购前要对上市公司实际控制人和上市公司并购的可行性进行分析，主要包括：①出让股份的真实原因；②出让股份是否有利于加强主业，是否符合企业发展规划；③出让股份的价格上限及确定依据；④出让股份的数量及受让时限；⑤出让股份的资金筹措；⑥出让股份后对企业经营发展的影响分析；

⑦关于上市公司未来的发展规划和重组计划。

经过对券商和会计师、律师事务所、评估机构等第三方的遴选后，市县国资对收购中的尽职调查重点应该关注交易对方承诺履行情况、违规担保和关联方资金占用、债权债务及股权质押、重大违法行为、后续资本运作等。股份转让协议是上市公司收购中最重要的法律文件，其主要内容包括协议主体、协议转让的数量和比例、转让价格、股份交割安排、股份转让价款的支付、上市公司治理、业绩承诺、股份质押的安排、协议的生效、变更及解除等。

按照监管机构的要求，需要在程序上执行收购后的信息披露，包括城市国企收购上市公司的整个过程，按照不同的收购方式和收购比例进行披露，包括权益变动报告书、上市公司收购报告书、财务顾问核查意见和律师出具的法律意见书等。

在做好一系列的投前、投中、投后风险管理前，需要确定好由并购基金还是国资机构本身进行控制。目前，大多数市县国有投资机构通过设立并购基金的形式，对并没有流动性困境且经营稳健的标的进行并购。一方面是因为管理层规范，没有那些糟心事；另一方面也是希望原有业务能够在资本市场为稳定市值支撑一段时间，在资产装入的空档期能够不出岔子。并购之后，原有业务可以作为双主营业务留在公司，保持稳定的现金流，给新业务提供弹药，同时也能让原有管理层保持稳定的阵型，以防未来不时之需。

市县国有投资公司收购上市公司比较普遍的操作方式是通过协议转让和定向增发两步完成收购，比如绵阳皓祥控股收购苏州麦迪斯顿医疗科技股份有限公司（以下简称"麦迪科技"）。2022年5月23日，麦迪科技控股股东翁康及一致行动人严黄红、汪建华、股东傅洪与绵阳皓祥控股签署了《股份转让协议》和《股份认购协议》。《股份转让协议》中翁康、严黄红、汪建华、傅洪拟将其持有的公司股票合计1 263.19万股转让给皓祥控股，转让价格为26.6元/股，转让总价为3.36亿元，合计占上市公司发行前总股本的7.63%。《股份认购协议》中绵阳皓祥控股拟全额认购上市公司本次非公开发行的1 654.63万股股票，占发行后总股本的9.09%，募集资金总额约为2.39亿元。同时，绵阳皓祥控股出具了增持计划的承诺函，若皓祥控股通过认购公司非公开A股股票未能通过主管部门核准，则皓祥控股将于成为公司股东后12个月内通过法律法规允许的方式（包括集中竞价交易、大宗交易等方式）增持公司股份，计划增持后比例超过翁康所持有公司股份的7%。

近几年影响力较大的是四川能投集团以无偿划转方式接受清华控股100%股权，清华控股作为清华大学校属企业，在政策层面需要找到新东家。清华控股旗下包含紫光股份、学大教育、华海清科等14家上市公司被地方国资"团购"。四川能投曾经提出打造"1＋3＋2"（能源化工为核心主业，工程建设、类金融、文旅为培育主业，大健康和教育为辅业）新型产业格局，在战略规划上与清华控股的主要产业高度重合，高度重合的产业布局成为四川能投接手清华控股的重要联结。这次批量化并购为四川引入了上市公司，借助清华控股里面多数为清华毕业生的人才优势，可以通过国企挂职、借调、调任等方式充实四川其他国企的人才队伍，一举多得，对四川国企的整体质量提升有积极的作用。

国资投资机构购买民营上市公司股权存在的问题也很多，包括文化融合、机制冲突、创新遭质疑等问题，"国进民退"也可能成为为人诟病的"趁火打劫"，不明真相的人士往往按照刻板印象对国资入主进行评判，也给收购上市公司的舆论产生了不利影响。笔者反而认为，民营企业的经营方式和效率会反过来影响国有机构的决策机制和激励机制，稳定的国企运营方式在接入新业务时一定是融合，我中有你，你中有我，而不是单纯的谁吞并谁，那种理念战胜谁，只要是先进的能够提升上市公司业绩和市值的机制和动作，都会成为收购者的必然选择。并购后遗症也数不胜数，国资对新并购的上市公司产业不熟悉，硬派管理团队接手，造成水土不服的现象发生，比如潍坊国资投资机构收购美晨生态和山东墨龙，就出现了"踩雷"现象。

在并购过程中，往往是原有实控人需要持有一部分股权保持到管理层三年内完全退出。所以,虽然原有实控人拿了一部分现金走,其实在未来市值管理上,并购双方都是有动力的,并购方需要在年底考核 KPI 时拿到高分,被并购方需要在未来三年左右完成业绩稳定性和上市速度的对赌,内外都有约束和激励才是并购双方都不掀桌子的前提。

预制菜是一条不可多得的投资新赛道

预制菜能不能够进校园给学生们吃,已经成为极具争议的话题,很多地方的家长联合起来对预制菜进校园进行抵制。虽然争议会一直存在,不过从商业角度看来,市县投资可以将预制菜作为备选的新赛道。2023 年,中央一号文件提出"提升净菜、中央厨房等产业标准化和规范化水平,培育发展预制菜产业"。预制菜首次被写入中央一号文件,该文件出台后,各省市以及各级企事业单位作出积极响应。2023 年 7 月 31 日,国务院办公厅转发国家发展改革委《关于恢复和扩大消费的措施》,专门提出扩大餐饮服务消费,培育"种养殖基地 + 中央厨房 + 冷链物流 + 餐饮门店"模式,挖掘预制菜市场潜力。数据显示,2022 年我国预制菜市场规模为 4 196 亿元,预计 2023 年将达

5 100亿元，在2026年达10 720亿元，我国预制菜产业有望发展成下一个万亿级市场。

预制菜行业最早起源于美国。1920年，世界上第一台速冻机诞生，预制菜的雏形——速冻食品相应诞生。20世纪60年代，预制菜开始商业化，到80年代，预制菜加工配送在日本、加拿大及部分欧洲国家兴起。经过数十年发展，在美国与日本，预制菜渗透率均已超50%，催生了诸如SVSCO、康尼格拉、泰森、日冷、神户物产等极具影响力的大型预制菜企业，刺激了我国预制菜企业的发展。目前，国内预制菜产业链已经相当成熟，根据中国烹饪协会联合多家单位共同参与起草的《预制菜产品规范》团体标准，预制菜的定义是"以一种或多种农产品为主要原料，运用标准化流水作业，经预加工（如分切、搅拌、腌制、滚揉、成型、调味等）和（或）预烹调（如炒、炸、烤、煮、蒸等）制成，并进行预包装的成品或半成品菜肴"。依据该定义，业内将预制菜分为四大类：即食（如八宝粥、即食罐头）；即热（如速冻汤圆、自热火锅）；即烹（须加热烹饪的半成品菜肴）；即配（如免洗免切的净菜）。总体来看，按预制菜产业链从上至下的顺序，可以分为原材料、生产加工、储存运输和消费端。

其实大家也不用闻预制菜而色变，我们耳熟能详的速冻水饺、速冻馄饨都是预制菜的一种。味千拉面当时因为猪骨粉而被质疑料包的真实性导致股价大跌，其实这个汤底调料也是预制佐料的一种。试想你到餐厅吃饭，要一个毛血旺或者鱼香肉丝等，在宾客满座、就餐时间非常集中的餐厅里，三分钟内就端上来让你品尝。你便不得不怀疑是不是遇到了预制菜，否则就是已经被其他桌客人放弃的做熟了的菜，很显然，前一种假设更符合逻辑。预制菜给餐厅带来的好处很多。首先，能够极大地缩短上菜时间，并且能够避免切菜、配菜的烦琐流程。口味的流程化、制式化能够保证菜品口味的稳定性和一致性，一定程度上可以避免顾客关于菜品的投诉。其次，能够在大厨的聘用上降低档次，相应地降低了人力成本，除了个别地道口味菜品的炒制需要经验丰富的大厨外，常规的家常菜品都可以用预制菜来替代，在后厨人员中可以减少一到两位员工。再次，经常有顾客提到炒菜使用地沟油而被诟病的小餐馆，可以通过预制菜的使用，降低顾客对油品的质疑。最后，财务管理上可以避免后厨采购人员背后的猫腻，并且能够有统一开具的发票来保证财务呈现较好的规范性，应对工商、税务等抽查。杭州一对新人在当地知名酒店订了每桌 5 988 元的婚宴套餐。但事后却被告知 16 道菜有 7 成是预制菜，成本不到 2 000 元，这让这对新人有一种"被宰了"的感觉，成本高低不算重点，关键是宾客如果因为预制菜造成不适那就太难堪了。在中消协《2022 年全国消协组织受理投诉情况分析》中，"外卖堂食使用预制菜未告知"位居投诉榜单前列，成为餐饮领域维权的典型、新型问题。

现在流传的一句话:"你可以用预制菜,但是要提前告诉我,你可以提前告诉我,那我就不在这里吃了。"

假设你是忙碌的白领,白天工作晚上还要加班,回家了想吃个喜欢的饭菜,也不想去逛菜市场。其实,即使逛完菜市场,也未必能把各种食材准备齐全,加上没有受过专业的厨师训练,你很难做出可口的饭菜,预制菜能够很好地减少这种困扰。在网上定制半成品,通过简单的烹饪就能够食用,满足了很多年轻人的需求。要么就选择定外卖,外卖商家有一些连门脸都没有,加工菜品更是不太透明。一两个菜,在宾客很多、送餐距离很远的情况下,还能在半小时内及时送到,预制菜的便利显而易见。因此,预制菜常态化使用也是外卖商家的必然选择。

笔者认为,学校团餐和很多企业的团餐是不需要用预制菜的,因为他们有完整的采购链条,有不同的分工,有去菜市场买菜的动力,食堂大厨具有有竞争力的工资和相对稳定的工作条件,也愿意将烹饪技术用于为学生和国企服务。另外,普通的家常菜构成了团餐的基本菜系,不需要有太高超的烹饪技巧,相比较在当地采购食材,通过冷链储存和运输的预制菜在支付比成本价略高的学校和国企部门,价格上并不划算。

预制菜制作程度愈加成熟后,应运而生的是品牌和菜品设计输出企业。企业建立中央厨房备品,以研发料包和配送预制菜相结合,根据川菜、鲁菜、淮扬菜、粤菜、浙江菜、闽菜、湘菜、徽菜八大菜系的不同创立了不同的品牌，面向全国诚邀加盟。品牌企业的营业收入主要有几个方面：加盟费、统一门脸设计费、料包配送费、预制菜收入等。每家门店包括店长和大厨两名员工属于中央厨房员工，主要是为了保证料包的正确使用，以及对品牌宣传更加到位，其余工作人员都可以由加盟商来招聘。

据《2022年中国预制菜行业发展趋势洞察报告》数据显示，仅2021年1月到2022年3月，预制菜领域就发生了40余起融资项目，以亿级元为单位的大额融资也不鲜见，红杉、高瓴、IDG等头部资本也已经投资这一赛道。除此之外，不少传统企业如格力、贵人鸟、老板电器、海尔等纷纷宣布跨界进入预制菜的大军中，"核酸大王"张核子也宣布要经营预制菜业务，嗅觉相当敏锐。投资和躬身入局预制菜产业链上的上中下游公司比比皆是，也包括专业预制菜公司、餐饮企业等。市县国有投资机构先不要蹭热度，此领域鱼龙混杂，在没有国家级标准出台的情况下，企业在发展过程中会受到多重监管和制约，投资风险依然很大。变通的办法是，市县国有投资机构联合预制菜上市公司产业链龙头，梳理其产业链，参与到CVC基金中，这样可以让投资更加稳健。

2023年3月3日，胡润研究院携手中国国际（佛山）预制菜产业大会组委会联合发布《2023首届中国国际（佛山）预制菜产业大会·胡润中国预制菜生产企业百强榜》（表10-1），榜单列出了预制菜生产领域最具实力的中国百强企业，分为四个级别：10强、30强、50强和100强。这是胡润研究院首次发布该榜单。从企业排名来看，安井食品、百胜中国、聪厨、福成五丰、国联水产、好得睐、绝味食品、眉州东坡、千味央厨、味知香进入"最具实力中国预制菜生产企业10强"（按拼音排序）。天眼查数据显示，目前全国有超过6.8万家预制菜企业。据Wind数据显示，A股预制菜板块共有31家上市公司，总市值约为5 600亿元。根据2023年上半年财报来看，预制菜企业业绩增速十分亮眼。以预制菜龙头企业安井食品为例，公司2023年上半年实现营业收入约68.94亿元，同比增长30.7%；归母净利润约7.35亿元，同比增长62.14%。目前，预制菜已经成为安井食品的主营业务，在总营收中的占比超过了30%。从财报数据来看，预制菜业务实现营收21.99亿元，同比增长58.19%。

表10-1　2023胡润中国预制菜生产企业百强榜

排名	品牌/企业名称	主营行业	预制菜核心领域	主要预制菜产品	总部
TOP 10	安井食品	食品加工	即烹	调理产品、速冻主食、预制菜肴	福建厦门
TOP 10	百胜中国	餐饮	即烹	预制菜肴、油炸食品	上海
TOP 10	聪厨	食品加工	即烹	预制菜肴	湖南浏阳
TOP 10	福成五丰	农林牧渔	即烹	方面菜肴、熟食食品	河北三河
TOP 10	国联水产	农林牧渔	即配	生鲜半成品、预制菜品	广东湛江

(续表)

排名	品牌/企业名称	主营行业	预制菜核心领域	主要预制菜产品	总部
TOP 10	好得睐	食品加工	即烹	预制菜肴	江苏苏州
TOP 10	绝味食品	餐饮	即食	熟肉制品	湖南长沙
TOP 10	眉州东坡	餐饮	即烹	预制菜肴、熟肉制品	北京
TOP 10	千味央厨	食品加工	即烹	预制菜肴、速冻主食	河南郑州
TOP 10	味知香	食品加工	即烹	预制菜肴	江苏苏州
TOP 30	盖世食品	食品加工	即食	预制凉菜	辽宁大连
TOP 30	谷言	食品加工	即烹	预制菜肴	河北石家庄
TOP 30	广州酒家	餐饮	即烹	预制菜肴、速冻食品	广东广州
TOP 30	海底捞	餐饮	即热	火锅菜品、预制菜肴	四川简阳
TOP 30	盒马鲜生	零售	即配	生鲜净菜、预制菜肴	上海
TOP 30	煌上煌	餐饮	即食	熟肉制品	江西南昌
TOP 30	惠发食品	食品加工	即烹	油炸食品、预制菜肴	山东诸城
TOP 30	绿进	食品加工	即烹	预制菜肴	福建厦门
TOP 30	三全	食品加工	即热	速冻主食	河南郑州
TOP 30	上海梅林	食品加工	即食	熟肉制品、预制菜肴	上海
TOP 30	圣农	农林牧渔	即配	生鲜半成品、油炸食品	福建南平
TOP 30	蜀海	食品加工	即配	火锅菜品	北京
TOP 30	双汇	食品加工	即食	熟肉制品、预制菜肴	河南漯河
TOP 30	思念	食品加工	即热	速冻主食	河南郑州
TOP 30	西贝	餐饮	即烹	预制菜肴	北京
TOP 30	新雅粤菜馆	餐饮	即烹	预制菜肴	上海
TOP 30	信良记	食品加工	即烹	预制菜肴	北京
TOP 30	周黑鸭	餐饮	即食	熟肉制品	湖北武汉

(续表)

排名	品牌/企业名称	主营行业	预制菜核心领域	主要预制菜产品	总部
TOP 30	紫燕百味鸡	餐饮	即食	熟食食品、预制菜肴	上海
TOP 30	自嗨锅	食品加工	即热	自热火锅、自热米饭	重庆
TOP 50	大希地	食品加工	即配	半成品食材	浙江杭州
TOP 50	得利斯	食品加工	即配	生鲜半成品、熟肉制品	山东诸城
TOP 50	叮咚买菜	零售	即配	生鲜净菜、预制菜肴	上海
TOP 50	锅圈食汇	零售	即热	火锅食材	上海
TOP 50	久久丫	餐饮	即食	熟肉制品	上海
TOP 50	康师傅	食品加工	即热	方便主食	天津
TOP 50	老翁蟹业	农林牧渔	即配	生鲜食品	江苏昆山
TOP 50	麦子妈	食品加工	即烹	预制菜肴	浙江杭州
TOP 50	全聚德	餐饮	即烹	预制菜肴	北京
TOP 50	如意三宝	食品加工	即烹	预制菜肴	福建厦门
TOP 50	三餐有料	食品加工	即烹	预制菜肴	福建厦门
TOP 50	三都港	食品加工	即配	鱼类预制菜	福建宁德
TOP 50	世林食品	食品加工	即烹	预制菜肴	湖南益阳
TOP 50	统一	食品加工	即热	方便主食	台湾台南
TOP 50	湾仔码头	食品加工	即热	速冻主食	香港
TOP 50	温氏	农林牧渔	即配	生鲜、熟肉、预制菜肴	广东云浮
TOP 50	鲜美来	食品加工	即配	生鲜半成品	广西北海
TOP 50	新希望	农林牧渔	即配	生鲜半成品、预制菜肴	四川成都
TOP 50	珍味小梅园	食品加工	即烹	预制菜肴	上海
TOP 50	知味观	餐饮	即烹	预制菜肴	浙江杭州

资料来源：胡润百富、中商产业研究院整理。

随着预制菜产业越来越成熟，产业链上的参与者越来越多，国家级的预制菜标准制定也迫在眉睫。标准出台后对使用食材的企业进行抽查检测，对进行冷链储存运输的企业也要有监管，避免出现预制菜过期和变质。全方位的标准体系对原材料、加工、包装、标签标识、储存配送、还原度、产品追溯、明确食品安全指标、应对消费者权益保护等都需要更加明晰。

创意引领，同样赋能地方特色经济

"文化搭台、经济唱戏"，这句新闻上常说的口头语大有深意，各地都拼命打造属于自己的特色经济，转变成有吸引力的地域网红。

淄博的烧烤是 2023 年突然蹿红的现象级区域特色经济代表，简单看，就是一堆人围着吃串。其实到处都是投资机会，接下来，笔者细细讲讲烧烤带火了哪些产业。有一段时间，淄博的餐饮业累得都不想赚钱了，老板们面色为难地看着客人们一涌而进，烧烤的蝴蝶效应扇得最火的比如牛羊肉企业、啤酒饮料企业，成为最直接的受益者。当地旅游业毋庸置疑也成了投资的重点关注对象。因为高铁座位都不够用了，无座票都得靠疯抢，烧烤专列也在政府的协调下出现了，可惜淄博没有机场,否则也得弄出个烧烤专线来。其他的有外地自驾来的,甚至还有要求淄博文旅局派车到深圳接来吃烧烤的,当然这属于善意的调侃,不过也侧面说明了淄博烧烤的火爆程度到了全国关注的地步。淄博大大小小的宾馆不但每逢周末爆满,平时也一床难求。客人们往往住一天就走,这不但带动了床单洗护行业,计生用品行业也在淄博区域内进入持续销售旺季。还有些玩笑话,说淄博烧烤店门口排长队需要的小马扎、小板凳也能带动家具行业的兴起;淄博烧烤的铁签子拉动了钢铁需求,是保证钢铁价格不再下跌的"利器",让钢铁老板明白什么是真正的内需拉动经济;淄博烧烤也能够让无烟煤价格上涨,让煤老板们再度走上人生巅峰;还有说锡纸的使用会带动锡期货的连续涨停,卷烟厂的锡纸都不够用了,都拿来做烧烤包装了。

正因为有了淄博作为区域网红的出现,一大批地级市、县级市的主政官员带着文旅局等一众相关部委办局领导到淄博考察,撸串喝啤酒,慨叹淄博的火爆出乎想象,再转头看看自己的一亩三分地,有种"哀其不幸,怒其不争"的挫败感。热情的山东淄博人点燃了整个好客山东的旅游业,昏头昏脑地甚至已经忘记了假期还有的其他城市,青岛38元一只的大虾、云南逼着你买玉的导游、黑龙江雪乡15块钱的烤肠和丽江古城里的酒托儿、"烧香等于烧钱,只坑有缘人"的峨眉山,另外还有总价堪比几次新马泰的三亚游。一到景区就被宰,游客习惯了,当地人也习惯了，不被宰是不可能的，没有被宰的觉悟，请不要出门旅游。宾馆涨价不说了，供需关系决定的，总得有住的地方吧，一个愿打一个愿挨。到饭点儿的时候，出租车拉客到饭店，只要有消费就有提成。导游让停下来买东西的店都是有提成的，只坑一个车上的游客，别的车上让别的导游去坑。

城市的气质跟人的一样，不是临时抱佛脚可以改变的。政通人和，首先是政通，公务员为公众服务是本分。少一些规矩，多一些烟火气；少一些官僚主义，多一些平易近人。人和在天时地利后面，也能把城市的气质衬托出来。物价稳定，人民富足，自然就会少一些戾气，多几分和气。心态稳了，对谁都是一样的，和气生财，戾气生害，和气的人多了，城市自然就更加包容。

招商也跟做人一样，正人先正己，要想城市更包容更宜居，更能吸引人才和企业，光出几条返税、落地优惠政策是不够的，字面上的政策兑现不了，关门打狗、瓮中捉鳖已经是大家对北方很多省份都习以为常的评价。关键在于，口碑不好，圈子不大，口口相传完了，就不会再有狗和鳖傻乎乎地等着在门里和瓮中挨宰了。淄博的烧烤真的那么好吃吗？宾馆假期不涨价真的那么难吗？7块钱一个肉夹馍真的能吃饱吗？精气神才是淄博给游客和看客们带来的体验，稀缺的是城市气质带给大家的精神愉悦，而不是那一点点物质满足。想学淄博的市县级领导，不能单纯是去蹭个流量，吃个烧烤，看个人山人海。政通人和需要付出代价，当然做好了就能带来更多的投资机会。

一个城市是有可能因为一个当地网红的出现而破圈成为网红城市，短期内带来大批游客的关注。当年脱口秀火爆全网的时候，李雪琴作为铁岭出来的脱口秀演员，在讲"宇宙的尽头是铁岭"时，却没有被当地发现她能够给铁岭带来的商业价值，也并没有借此深挖用文化来做一波宣传。正如艺术家罗丹所说："世界上不是没有美，而是缺少发现美的眼睛。"同理，世界上不是没有机会，缺少的那些有准备的人。

天津大爷的跳水经济也火出了圈，连带着大爷们跳水的狮子林桥也成了网红打卡点，区域网红一定要依托网络红人或者事件的原生性、独创性，再在丰富的旅游资源中挖掘出符合城市个性的体验场景和消费产品，天津政府完全可以趁着跳水大爷带来的关注和热度，顺势推出譬如京津冀跳水旅游都市生活新方式、天津大爷跳水文创周边等旅游产品，将天津的风土人情和城市特色融入其中，相信能够迅速圈粉，维持较长时间的热度。

通过产品来带知名度的也有很多，附属于知名景点的雪糕成为常规打法。全国各地的景点都已经在做特色雪糕，甚至包括在华为松山湖产业园区，内部也有几款做成产业园内部建筑物形状的咖啡。雪糕成本都差不多，附加值高，也是不错的生意经。

笔者比较欣赏的是盖章经济，大同作为首批国家历史文化名城，售卖纪念文本，然后在云冈石窟内、大同博物馆等地设点盖章，吸引大批游客尤其是学生前往。盖章既能让来大同的回忆用图像保留下来，又能销售相关的文创产品，文化搭台的效果凸显出来。商家也嗅到了盖章经济带来的红利，有的商家自己刻制了特色印章，就地取材借用官方售卖的文本，只要买一瓶水或者买摊铺上的任何一件商品，就给多盖几个章，引得很多小游客接踵而来，自己也赚得盆满钵满。四川成都也有不少景点做了盖章的策划，其实这种低成本的付出能换来的是对城市形象的宣传，是极佳的方案。

市县应该重视文化旅游投资，这是"软实力"的体现，要敢于在这些城市品牌上花钱。虽然比起可以更容易拉升GDP的第二产业来，文化旅游业受到波及干扰的各种因素较多，但是无论在商务出行还是旅游来的全国人民看来，城市的风貌最能体现出民风的淳朴程度，由此便能推导出执行官员的管理能力，还有营商环境的良好与否。再深层次说一下，每个远道而来的人都身处一个单位，无论是国有企业还是民营企业，无论是政府工作人员还是事业单位从业人员，回到单位后都会跟同事八卦去过的地方，对邻居和亲人讲讲出游的见闻，并毫不客气和遮掩地作出评论，口口相传，慢慢就会显现出效果。在到处被坑的市县区域，游客所属的企业都未必愿意来，在政通人和的地方，自然会有企业和人才慕名而来，城市形象是靠真实的待人接物打造出来的，不是刻意地购买一些雕塑，喊几句口号就能解决得了的。

走差异化投资之路，落适配度高的产业

"罗马不是一天就能建成的"，同样地，一座城市的产业结构也不是一夜就能成就的。产业的形成主要是地理资源原因和历史原因。靠山吃山靠水吃水，煤矿资源丰富的山西靠煤炭起家，矿车一响，黄金万两，地下被挖空了许多地方；东营靠着胜利油田也走向人均消费位于山东前列的高消费城市，成为胜利油田的员工以及东营市民的最优选项；海南凭借在中国最南方的亚热带天气，成为国人冬天度假旅游的胜地；东北的黑土地让其农产品成为国内最优质的品类，农业也成为东北的优势产业。历史上河北唐山经历了大地震，应急装备产业后来变成了唐山的主要产业之一；温州早年出国的人比较多，发现了中国商品在海外的商机，便开始做皮鞋和服装产业；深圳华强北因为改革开放比较深入，电子产品制造业比较兴盛，集聚了一批相关产业；在奉系军阀统治时期，东北已经形成了以钢铁、

煤炭为中心的重工业体系,以及以纺织、食品工业为中心的轻工业体系等。

政府政策的引导也是产业聚集的重要原因。市县政府想要形成产业集群,必须要有"链主"企业出现,代表着各个行业的龙头,"链主"企业可以凭借大批的订单聚集大量的产业链企业落地,同样也会有大批的产业工人能够落户生根,随之而来的是发达的职业教育。2019年,浙江省商务厅发布了《关于开展开发区产业链"链长制"试点 进一步推进开发区创新提升工作的意见》,率先提出产业链链长制,并在全省各地开发区实施。2023年,山西出台实施《山西省重点产业链"链主"企业遴选及管理办法》,从企业规模实力、市场影响力、自主创新力、产业带动力等方面形成量化"链主"认定标准。

市县可以作为参考,"链主"企业遴选标准:

(1)规模实力。优势基础产业链"链主"企业上一年度主营业务收入,原则上不低于50亿元;新兴培育产业链"链主"企业上一年度主营业务收入,原则上不低于5亿元。

优势基础产业链,是指具备较为完整的上下游供应体系和较大营收规模的省级重点产业链;新兴培育产业链,是指符合未来产业发展方向、具有巨大潜力的省级重点产业链。

(2)市场影响力。企业主导产品占较高市场份额,主导产品在国内市场占有率排名前15或在省内市场占有率排名前5。

(3) 自主创新力。企业具有较强的研发实力，至少拥有1个省级及以上认定的创新研发平台，如技术创新中心、重点实验室、新型研发机构、企业技术中心、制造业创新中心、工程研究中心等。自主创新能力较强，包括但不限于获得国家级和省级科学技术奖励、专利奖项等创新成果。拥有国家级、省级高层次领军人才、团队的优先考虑。

(4) 产业带动力。企业居于产业链发展核心地位，能整合产业链各个规模企业的生产、供需等环节，促进整个产业链快速发展，资源整合能力突出，产业链带动能力强。优势基础产业链"链主"企业在所属产业链上下游协作配套的企业原则上不少于15家，新兴培育产业链"链主"企业在所属产业链上下游协作配套的企业原则上不少于5家。

(5) 主体意愿度。企业具有较强的社会责任感，积极作为，主动制定"链主"企业带动产业链发展方案，承诺按照"链主"行动指南承担任务，愿意深度参与产业链招商，联合开展产业关键共性技术攻关等工作，带动产业链优化提升。

文件创造了一个新概念吗？"链核"企业，指的是"链主"企业的核心配套企业（核心配套类）和可作为潜在"链主"培育的次级核心企业（潜在链主类）。"链核"企业遴选标准如下：

(1) 规模实力。优势基础产业链"链核"企业上一年度主营业务收入，原则上不低于5亿元；新兴培育产业链"链核"企业上一年度主营业务收入，原则上不低于5 000万元。

（2）产业配套能力。核心配套类"链核"企业与所属产业链"链主"企业年度产品交易额超过1 000万元，潜在链主类"链核"企业与5家以上（含）同链条链上其他企业年度产品交易额超过2 000万元。

（3）行业影响力。掌握产业链关键技术或具有核心基础产品。获得"国家级小巨人""国家级制造业单项冠军""省级专精特新""省级小巨人"等称号的企业优先考虑。

"2009年引进广青金属时，周边都没有企业，就像一片白纸。"广东阳江市高新区经济发展局副局长陈国新介绍，短短十几年过去，这里现在已经吸引了50多家企业落地。目前，在阳江高新区，一条以广青金属为龙头的绿色钢铁产业链已经崛起。"上游有广青金属、世纪青山镍业、翌川金属科技，中游有广青金属压延、甬金金属科技、宏旺实业进行不锈钢压延等，还有下游有开宝新材料、宏旺金属科技、尊贤行金属加工、青恒金属科技和冶炼废渣回收公司等。"从无到有，从小到大，又大又全地补齐产业链上的企业，是"链主"能够作为天然的吸铁石为招商事半功倍做的贡献。"链核"企业有可能是行业的隐形冠军，虽然市场天花板并不高，但是市场占有率做到了全国乃至全球第一，超过50%都是有可能上市的。

对于大型超大型项目的引进，市县应该下大功夫。四川宜宾曾经最明星的企业是五粮液，现在是宁德时代。随着新能源汽车开始风靡全球，动力电池作为新能源汽车车体成本最高的部分，开始变得跟造车企业一样遇到各地政府的疯狂招商。发展动力电池的总部经济，需要有锂辉石矿等自然资源，也需要有比较便宜的电价。恰恰，宜宾这两个条件都具备，四川的锂辉石矿，主要集中在甘孜州的甲基卡和阿坝州的可尔因两大矿田。宜宾还有充足的水电，利用自身西电东输基地电价低的条件，吸引了宁德时代落地宜宾，真正地把动力电池全球"链主"企业吸引过来。因为宁德时代的落地，带来了大批围绕宁德时代生产正极材料、负极材料、铜（铝）箔、隔膜、电解液、结构件等的企业，这批企业又衍生出了氢氧化锂、碳酸锂、磷酸铁锂等上游基础原材料企业的落地。宜宾也顺势召开了世界动力电池大会，邀请动力电池各条线的翘楚企业参加，探讨前沿技术，寻找业务机会，成了每年动力电池行业最庞大的盛会。不过，也有一些傲慢的动力电池产业链公司，认为自己已经上市，收入过百亿，便有了大把与政府谈条件的筹码，错失了融入当地产业集群的机会。选择是双向的，只有有诚意的商务谈判，才是最有效果的合作。

引入"链主"企业能够形成聚集地，市县政府受益的还有投资。市县国有投资企业应该主动跟"链主"企业合作成立CVC基金（Corporate Venture Capital），利用"链主"企业对行业的影响力和对产业的理解深度寻找产业链上的投资机会。"募投管退"四步走得都会比较扎实,募资步骤中,"链主"企业出资一部分,地方政府出资一部分,产业链上的企业如果愿意参与,也可以进行投资;投资步骤中,方向非常清晰,就是在"链主"产业进行布局,投资策略可以有一部分是前沿技术早期阶段的企业,也可以有成长期的行业新秀;投后管理方面,"链主"企业可以用订单、技术、人员、制度等进行赋能,只要确定市场公允度,关联交易就不会成为上市的障碍所在;退出方面,"链主"企业可以通过并购的形式将被投企业装入上市公司,补充主营业务,也可以支持被投企业独立上市,实现利益最大化。基于此条清晰的投资路线,市县国有投资机构是可以更加安心地做好资产管理的。看似一方占了便宜,其实也是互利共赢,因为被投企业在市县政府 LP 的要求下,大概率需要在当地落产能。这样,被投企业既能离客户近一些,又能得到更多的政府政策红利,何乐而不为?

附　录

1. GP（General Partner）：普通合伙人。有限合伙制基金中承担基金管理人角色的投资管理机构。

2. LP（Limited Partner）：有限合伙人。有限合伙制基金中的投资者。

3. 天使投资：是权益资本投资的一种形式，指对原创项目或小型初创企业进行种子轮的前期投资。

4. VC（Venture Capital）：风险投资。由风险投资机构投入到新兴的、迅速发展的、具有巨大竞争潜力的企业中的一种权益资本，即对成长期企业的投资。

5. PE（Private Equity）投资：私募股权投资。与上述VC的定义对比来讲，此处指狭义的私募股权投资。狭义的PE主要指对已经形成一定规模的，并产生稳定现金流的成熟企业的私募股权投资。而广义的PE指涵盖企业首次公开发行前各阶段的权益投资，即处于种子期、初创期、发展期、扩展期、成熟期和 Pre-IPO 各个时期企业所进行的投资。主要可以分为三种：PE-Growth，即投资扩张期及成熟期企业；PE-PIPE，即投资已上市企业；PE-Buyout，即企业并购，是欧美许多著名私募股权基金公司的主要业务。

6. PEFOFs：私募股权母基金。指将投资人手中的资金集中起来，分散投资于数只 PE 基金的基金。这种类型的基金可以根据不同 PE 基金的特点构建投资组合，有效分散投资风险。

7. 承诺出资制：承诺出资是有限合伙形式基金的特点之一。在资金筹集的过程中，普通合伙人会要求首次成立时先有一定比例的投资本金到位，而在后续的基金运作中，投资管理人根据项目进度的需要，以电话或其他形式通知有限合伙人认缴剩余部分本金。与资金一次到位的出资方式相比，承诺出资制大大提高了资金的使用效率。例如，分三次分别出资 40%、30%、30%，每次出资相隔 6 个月。如果投资者未能及时按期投入资金，按照协议他们将会被处以一定的违约金。

8. 优先收益：又称"门槛收益率"。优先收益条款确保了一般合伙人只有在基金投资表现优良之时，才能从投资收益中获取一定比例的回报。通常当投资收益超过某一门槛收益率（有限合伙人应当获取的最低投资回报）后，基金管理人才能按照约定的附带权益条款从超额投资利润中获得一定比例的收益。例如某 PE 产品规定，在投资人首先收回投资成本并获得年化

5%优先回报的情况下，获取10%的净利润作为超额收益分配。

9. IPO（Initial Public Offerings）：首次公开募股。指一家企业或公司（股份有限公司）第一次将它的股份向公众出售，也就是俗称的上市。通常，私募股权投资机构会期望以合理价格投资于未上市企业或公司，成为其股东，待企业或公司IPO后以高价退出，获得高额回报。

10. 并购：一般指兼并和收购。兼并指两家或更多的独立企业合并组成一家企业，通常由一家占优势的公司吸收一家或多家公司。收购指一家企业用现金或有价证券购买另一家企业的股票、资产，以获得对该企业的全部资产或者某项资产的所有权，又或者对该企业的控制权。并购也是私募股权机构的一种主要退出方式。

11. 联合投资：对于一个投资项目，可能会有多个机构同时关注，当多个投资机构决定共同投资于该企业时，这样的投资方式被称作联合投资。一般来说，联合投资会有领投机构和跟投机构的区分，领投机构会负责分析待投资企业商业计划书的可行性，跟投机构则主要参与商议投资条款。

12. ROI（Return on Investment）：投资回报率。是指通过投资而应获得的价值，即企业从一项投资活动中得到的经济回报，涵盖了企业的获利目标。利润和投入经营所必备的财产相关，因为管理人员必须通过投资和财产增值获得利润。投资可分为实业投资和金融投资两大类，人们平常所说的金融投资主要是指证券投资。投资回报率＝年利润或年均利润/投资总额×100％，从公式可以看出，企业可以通过降低销售成本提高利润率，通过提高资产利用效率来提高投资回报率。投资回报率的优点是计算简单。投资回报率往往具有时效性——回报通常是基于某些特定年份。

13. ROE（Return on Equity）：净资产收益率，又称股东权益报酬率、净值报酬率、权益报酬率、权益利润率、净资产利润率。是净利润与平均股东权益的百分比，是公司税后利润除以净资产得到的百分比率。该指标反映股东权益的收益水平，用以衡量公司运用自有资本的效率。指标值越高，说明投资带来的收益越高。该指标体现了自有资本获得净收益的能力。

14. IRR（Internal Rate of Return）：内部收益率。是资金流入现值总额与资金流出现值总额相等、净现值等于零时的折现率。

15. Hurdle Rate：门槛收益率。基金设立时即设定的给基金管理人支付收益分成时，基金需要达到的最低收益指标，实际收益达到该最低回报率之后即可获取收益分成，否则基金管理人就不可获取收益分成。

16. CI（Carried Interest）：附带权益。基金的投资回报中超过门槛收益率外由基金管理人获取的业绩提成部分。

17. FOF（Fund of fund）：基金中的基金，是一种专门投资于其他基金的基金。

18. MBO（Management Buy-Outs）：管理者收购。是公司的经营管理层利用自有或者募集资金购买公司股份，以实现对公司所有权结构、控制权结构和资产结构的改变，是实现经营管理者以所有者和经营者合一的身份主导重组公司、进而获得产权预期收益的一种收购行为。

后　记

三年时间一口气出了三本书《投资人的逻辑》《股权投资术》《与时间和风口做朋友》，感觉肚子里的墨水都用光了。接到上海远东出版社曹建社长的邀稿，希望2024年开始能出版"投资三部曲"，《市县投资》是第一部，第一感觉是压力山大。在开始动笔的时候，发现完成这样一本书还是有心有力、绰绰有余的。经过20年在央企、地方国资的金融工作经验，对投资项目的敏感性也让我对提炼投资方法论和投资逻辑有了一套自己的理论。

很多朋友说我写书比较快，那是源于父母从小对我的培养，母亲工作繁忙，周末经常把我寄放在新华书店。小县城里的书店店员都是母亲的朋友，把我扔在书的海洋里，真的是不会游泳也会漂浮了。我经常说"只要手放到键盘上就有灵感，就可以开始写"，每个小时能写两千到三千字。当然，我也不能背离有知识输入才能够有经过加工的知识输出，在结合自身知识背景和工作经验的基础上,运用逻辑和思维,再经过自身语言的加工和表述,很快就能形成符合自己表达方式的著作。

我最爱写的其实是小说、散文,曾经的文学青年,2007年在作家出版社发表过《相恋时我们一起走过》,又成文了历史小说和职场小说,也在积极努力付梓出版。工作角色变化后,希望能够把文学素养融入到工作当中来,也能够把投资融资的事情讲得让外行人看得懂,让每个人都能够把资产管理得更加精致。

在此,感谢一直以来支持我的好朋友们(排名不分先后):邹航、张喜芳、吴海、张予豪、张凡、丁麒铭、吕晓彤、王耀军、李岚、许航、史可新、胡志伟、张运霞、孟宪伟、唐宾、邓斌等。

于智超

2024年1月